Gespräche mit den maßgebenden Wissenschaftlern unserer Zeit über die großen Fragen und die Sehnsucht nach letzten Antworten.

Wissenschaft bestimmt wie nie zuvor unser Leben. Aber über die Menschen, die mit ihrer Forschung unsere Welt verändern, wissen wir wenig. Daran, dass sie persönlich nichts mitzuteilen hätten, kann es kaum liegen. Die faszinierenden Gespräche, die Bestsellerautor Stefan Klein mit ihnen für das ZEIT-Magazin führte, beweisen das Gegenteil: Viele von ihnen blicken auf erstaunliche Lebensgeschichten zurück, haben ungewöhnliche Interessen und denken weit über den Horizont ihres Fachs hinaus.

Stefan Klein, geboren 1965 in München, ist der erfolgreichste Wissenschaftsautor deutscher Sprache. Er studierte Physik und analytische Philosophie in München, Grenoble und Freiburg und forschte auf dem Gebiet der theoretischen Biophysik. Er wandte sich dem Schreiben zu, weil er »die Menschen begeistern wollte für eine Wirklichkeit, die aufregender ist als jeder Krimi«. Sein Buch »Die Glücksformel« (2002) stand über ein Jahr auf allen deutschen Bestsellerlisten und machte den Autor auch international bekannt. In den folgenden Jahren erschienen die hochgelobten Bestseller »Alles Zufall«, »Zeit«, »Da Vincis Vermächtnis oder Wie Leonardo die Welt neu erfand« und »Der Sinn des Gebens«, das Wissenschaftsbuch des Jahres 2011 wurde. 2003 erschienen die ersten Wissenschaftsgespräche unter dem Titel »Wir sind alle Sternenstaub. Gespräche mit Wissenschaftlern über die Rätsel unserer Existenz«. Bei S. Fischer erscheint sein neues Buch »Träume«. Stefan Klein lebt als freier Schriftsteller in Berlin.

Weitere Informationen, auch zu E-Book-Ausgaben, finden Sie bei www.fischerverlage.de

Stefan Klein

»Wir könnten unsterblich sein«

Gespräche mit Wissenschaftlern über das Rätsel Mensch

FISCHER Taschenbuch

Originalausgabe
Erschienen bei FISCHER Taschenbuch
Frankfurt am Main, Mai 2014

© S. Fischer Verlag GmbH, Frankfurt am Main 2014
Satz: Pinkuin Satz und Datentechnik, Berlin
Druck und Bindung: CPI books GmbH, Leck
Printed in Germany
ISBN 978-3-596-19606-7

Inhalt

Vorwort

Seit Menschen denken können, denken sie darüber nach, wer sie sind. Denn von der Antwort hängt ab, wie wir leben können und sollen.

Dieses Buch versammelt einige aktuelle Antworten auf diese Fragen. Sie stammen aus Gesprächen mit Wissenschaftlern, die ich während der Jahre 2010 bis 2013 geführt und in gekürzter Form zuerst im »Zeit-Magazin« veröffentlicht habe. Ich wollte mit ihnen möglichst die ganze Bandbreite der Fragen diskutieren, die das Leben uns stellt: Wie entwickelt sich unsere Persönlichkeit? Woher kommen Gut und Böse? Welches Verhältnis haben wir zu anderen Geschöpfen? Warum werden wir krank, weshalb müssen wir sterben?

Mein Ziel war es, Vertreter möglichst verschiedener Disziplinen zu Wort kommen zu lassen. So stehen die Einsichten einer Molekularbiologin, die das Geheimnis des Alterns zu ergründen versucht, neben denen einer Entwicklungspsychologin, und die Überlegungen zweier Philosophen folgen auf die Erfahrungen eines ehemaligen Palliativmediziners, der sich in einer zweiten Karriere der Erforschung von Freundschaft und sozialen Netzen zugewandt hat. So unterschiedlich wie die Interessen fallen die Beiträge meiner Gesprächspartner aus. Und doch sind sie alle sich einig, wie die Fragen nach dem Rätsel Mensch anzugehen sind: Um den Geheimnissen unseres Daseins näher zu kommen, führen allein Lebenserfahrung und philosophische Spekulationen nicht weiter. Denn diese Zugänge, so wertvoll sie sind, brauchen Unterfütterung durch überprüfbare Fakten. Wer nämlich das systematische, oft auch penible Forschen auslässt, läuft Gefahr, sich im Kreise zu drehen. Erst nachsehen, dann nachdenken und nachspüren – dieses Prinzip liegt eigentlich auf der Hand. Leider wird es noch immer von vielen Intellektuellen und kritischen Beobachtern bestritten, die meinen, dass die Naturwissenschaft vielleicht etwas über schwarze Löcher und Rädertierchen, aber nichts über das Wesen des Menschen aussagen kann. Die in diesem Buch zusammengestellten Gespräche treten den Gegenbeweis an.

Dass die Erkenntnis der Natur und die des Menschen voneinander untrennbar sind, ist im Grunde lange bekannt. Dieser Gedanke durchzieht schon die Schöpfungsgeschichten im Buch Genesis. Der Mensch entsteht bekanntlich am sechsten Tag, unmittelbar nachdem Gott die Tiere, die Pflanzen und den Kosmos hervorgebracht hat. Später wird beschrieben, wie Gott den Menschen und alle Tiere aus demselben Material des Erdbodens formt. Der Name des ersten Menschen erinnert noch einmal daran – »Adamah« bedeutet im Hebräischen Staub oder Boden. Dann sieht der Herrscher der Welt zu, wie Adams gerade erwachter Verstand in seiner ersten Tätigkeit die Tiere benennt. Wir sind in Körper und Geist Teil der Natur.

Die Sicht der modernen Wissenschaft trifft sich mit jener der Genesis in einem weiteren Punkt: Beide heben die Bedeutung der Geschichte hervor. Der Text auf der ersten Seiten der Bibel zieht nämlich keine abstrakten

Argumente zur Erklärung der menschlichen Eigenheiten heran, anders als spätere Philosophien. Wie und wer wir sind, wird vielmehr aus dem Dasein unserer Vorfahren begründet: Die Scham entstand aus Adams und Evas Verrat an Gottes Gebot, der Ehestreit und die Schmerzen der Geburt erscheinen als göttliche Strafe für das Naschen am Baum der Erkenntnis, und erst die Vertreibung aus dem Paradies machte uns sterblich.

Die heutige Wissenschaft beruft sich selbstverständlich nicht mehr auf diese vor Jahrtausenden im Vorderen Orient entstandenen Mythen. Doch eine historische Perspektive vertritt auch sie: Die Wesenszüge des Menschen bildeten sich als Antwort auf die Lebensverhältnisse unserer sehr fernen Vorfahren heraus. So ist die Evolution ein Leitmotiv der folgenden Gespräche. Mehrere davon drehen sich um die Ursprünge selbst, etwa wenn Jane Goodall ihre Beziehungen zu anderen großen Affen beschreibt oder wenn Svante Pääbo über die Gene als Ausweis der Verwandtschaft aller Menschen nachdenkt. In anderen Gesprächen erscheint die Naturgeschichte eher als Hintergrund, der Bedingungen unseres Daseins verständlich macht. So erklären der Mediziner Detlev Ganten Krankheiten, die Molekularbiologin Elizabeth Blackburn das Altern als Erbe aus der Vergangenheit. Und mit dem Zoologen Richard Dawkins streite ich mich darüber, ob uns der Wettlauf um knappe Ressourcen in einer harten Natur egoistisch und gierig gemacht, und inwieweit er auch Fairness und Großzügigkeit in uns angelegt hat.

Nach »Wir alle sind Sternenstaub« ist dies das zweite Buch meiner Gespräche mit Wissenschaftlern. Eine noch größere Rolle als im Vorgängerband spielten die Erfahrungen der Forscher, ihre Lebensgeschichte und ihr persönlicher

Blick. Das ergibt sich aus dem Fokus dieser neuen Serie von Unterhaltungen – schließlich ist es unmöglich, über den Menschen zu sprechen und sich selbst auszuklammern. Damit allerdings sprengen meine Gesprächspartner den Rahmen einer orthodoxen Wissenschaft, die jede subjektive Erfahrung außen vor lassen will. An einem Punkt ihrer Karriere haben fast alle meine Gesprächspartner mit dieser Einschränkung gekämpft: Jane Goodall wurde von ihren akademischen Vorgesetzten belehrt, dass sie als ernsthafte Forscherin keine Freundschaften mit ihren Schimpansen einzugehen habe; der Philosoph Thomas Metzinger bekam zu hören, sein Thema Bewusstsein sei seriöser Wissenschaft unwürdig, da zu »weich«. Jeder meiner Gesprächspartner war auf seinem Gebiet ein Pionier und hat als solcher nicht nur die Kenntnis unserer selbst, sondern auch das Blickfeld der Forschung erweitert.

Umgekehrt wirkte die Wissenschaft zurück auf die Menschen, die sie betrieben. Besonders bewegend waren für mich die Momente, in denen meine Gegenüber erzählten, wie ihre Forschung sie lehrte, ihr eigenes Leben und die Welt in einem grundsätzlich neuen Licht zu sehen. Erstaunlich oft führte die Wissenschaft dazu, dass sich religiöse Überzeugungen wandelten. So nötigte das Studium sozialer Netze dem Mediziner und Soziologen Nicholas Christakis eine tiefe Bewunderung der Lehre der Bergpredigt ab, während der einstige Katholik Christof Koch durch seine Auseinandersetzung mit den Voraussetzungen des Bewusstseins im Gehirn schmerzhaft seinen Gottesglauben verlor.

Mir selbst öffneten die Begegnungen, von denen die folgenden Seiten berichten, einmal mehr die Augen dafür, wie unauflöslich wir Menschen mit der Natur verbunden sind, die uns hervorgebracht hat und bis heute unser ganzes Wesen bestimmt. Zugleich wurde mir deutlich, wie sehr der Horizont der Wissenschaft sich noch ausdehnen muss, um mehr als nur winzige Bruchstücke unserer selbst zu erfassen. Zwar sind unsere Gene bis ins Letzte kartiert, und in naher Zukunft werden ähnliche Kataloge der nicht minder bedeutsamen Proteine und aller Neuronen vorliegen. Aber nun gilt es, das derzeit unbeschreiblich komplexe Zusammenspiel der Teile zu begreifen, aus denen der Körper jedes Menschen besteht. Und eine wohl noch größere Herausforderung liegt darin, einen riesigen blinden Fleck der Wissenschaft zu beheben: Kann die subjektive Erfahrung, unser innerstes Empfinden, der exakten Forschung zugänglich werden?

Meine Gesprächspartner haben erste Schritte in diese Richtung gewagt. Vielleicht trägt dieses Buch dazu bei, dass sie Nachahmer finden.

Ich danke allen meinen Gesprächspartnern für die gemeinsam verbrachten Stunden; Christoph Amend, Jörg Burger und Matthias Stolz für ihre Unterstützung und redaktionelle Betreuung beim ZEIT-Magazin; und Nina Sillem für ihr Engagement als Lektorin dieses Buches. Und wie immer stehe ich in der Schuld meiner Frau und Kollegin Alexandra Rigos, für ihre Anregungen und ihre Kritik.

Berlin, im Dezember 2013   *Stefan Klein*

Wir könnten unsterblich sein

Die Molekularbiologin Elizabeth Blackburn über die Grenzen
des menschlichen Lebens, über Gene, die einen uralt werden
lassen – und einen Weg, die Lebensdauer vorherzusagen

Dass wir altern, scheint eine der unangenehmen Selbstverständlichkeiten des Lebens zu sein. Aber schon Michel de Montaigne äußerte daran seine Zweifel. Der französische Essayist nannte es ein »ungewöhnliches Glück«, in die Jahre zu kommen, denn »vor Alter zu sterben ist ein seltener
Tod« – den wenigsten Menschen in Montaignes von Gewalt und Seuchen geplagtem 16. Jahrhundert war er beschieden.

Heute hinterfragen Naturwissenschaftler, ob es wirklich unausweichlich ist, dass wir körperlich und geistig verfallen. Elisabeth Blackburn gehört zu den Pionieren solcher Forschung. Als zweites von sieben Kindern in einer entlegenen Kleinstadt in Tasmanien geboren, studierte sie in Cambridge Biochemie. Seitdem untersucht sie die genetischen Mechanismen des Alterns. Dafür erhielt sie im Jahr 2009 den Nobelpreis.

In ihrem Labor an der University of California in San

Francisco erzählt die heute 63-jährige Forscherin so begeistert von ihren Entdeckungen, als habe sie diese gerade eben gemacht. Nur ihre eigenen Lacher können den Redefluss bremsen. In solchen Momenten ahnt man, dass hinter Blackburns Humor und ihrer großen Freundlichkeit eine noch größere Hartnäckigkeit steht. Ihre sanfte Unbeugsamkeit verdankt sie nicht nur ihrer Karriere, sie führte auch dazu, dass Präsident Bush im Jahr 2004 die damals schon weltberühmte Wissenschaftlerin aus seinem Bioethikrat werfen ließ – ein bisher einmaliger Eklat.

Frau Blackburn, Sie haben Jahrzehnte Ihres Lebens den Wimperntierchen gewidmet. Was ist an diesen Einzellern so faszinierend?

Es sind wunderbare Geschöpfe. Sie können sich ungeschlechtlich vermehren, indem sich ein Tierchen einfach verdoppelt. Trotzdem gibt es bei ihnen sieben Geschlechter, die paarweise Kinder bekommen. Und manchmal tun sich sogar drei Wimperntierchen zur gemeinsamen Vermehrung zusammen. Da fragt man sich schon, warum wir uns damit begnügen, Frauen oder Männer zu sein. Zumal Wimperntierchen, unabhängig vom Geschlecht, wiederum sieben verschiedene Arten der Paarung zur Wahl stehen. Das ist doch wild! Wie kann man diese Organismen nicht lieben?

Ahnten Sie, dass Sie mit Ihren Untersuchungen an Wimperntierchen daran waren, das Rätsel des menschlichen Alterns zu lösen?

Nein. Wir wollten Grundfragen der Molekulargenetik studieren. Das war aufregend genug: 1975 gehörten mein späterer Mann und ich zu den ersten Menschen, die überhaupt die genetische Information lesen konnten. Wimperntierchen eigneten sich gut für diese Experimente. Als wir im Lauf der Jahre immer weiter vorankamen, meinten wir schon, allmählich ins Herz der Biologie einzudringen. Aber ich hatte nie das Ziel, das menschliche Altern zu heilen.

Doch wenn man die Zeitungsberichte zu Ihrem Nobelpreis 2009 durchsieht, könnte man glauben, genau das sei Ihnen gelungen. Fanden Sie den Rummel nicht übertrieben?

Keineswegs. Lange konnte ich selbst nicht daran glauben, dass sich unsere Entdeckungen an Wimperntierchen auf Menschen übertragen lassen. Aber inzwischen haben wir zweifelsfreie Belege.

Wimperntierchen sind unsterblich.

Auch darin liegt die Schönheit ihrer Biologie: Diese Einzeller können sich unendlich oft teilen.

Und so immer wieder ein neues Leben beginnen.

Wir fragten uns, wie machen sie das? Das Problem ist nämlich: Die Chromosomen, die Träger der Erbinformation in der Zelle, verlieren bei jeder Teilung ein Stück.

Irgendwann werden sie zu kurz, und der Organismus kann nicht mehr funktionieren.

Eben das verhindern die Wimperntierchen mit einem phantastisch gut funktionierenden Reparaturmechanismus. Den Beweis dafür fand meine damalige Doktorandin Carol Greider am Weihnachtstag des Jahres 1984: Im Zellkern der Wimperntierchen gibt es einen Stoff, der die Chromosomenenden immer wieder aufbauen kann.

Ein Elixier der Unsterblichkeit …

… für die Zelle. Wir nannten diese Substanz »Telomerase«. Sie hilft, auf dem Chromosom wieder eine Art Schutzkappe zu errichten – das Telomer. Dem verdankt das Wimperntierchen sein unendliches Leben.

Auch unser Körper kann sich regenerieren. Die Organe verjüngen sich, indem ihre Zellen ebenfalls durch Teilung gewissermaßen die eigenen Nachfolger erzeugen. Nur geht das beim Menschen leider nicht beliebig oft.

Genau. Mit den Jahren sterben immer mehr Zellen ersatzlos ab. Dann lassen die Körperfunktionen nach. Aber auch der Mensch besitzt Telomerase. Vor gut zehn Jahren entdeckten Kollegen nun Familien, deren Mitglieder durch eine Erbkrankheit zu wenig Telomerase bilden – und ungewöhnlich früh Altersleiden bekommen. Damit war bewiesen, dass Telomerase auch bei uns das Altern verzögert.

Werden diese bedauernswerten Menschen frühzeitig dement?

Dazu fehlt ihnen leider die Zeit. Sie sterben vorher an Krebs und allen möglichen Infektionen – als gehe ihrem Immunsystem einfach der Dampf aus. Offenbar hängt es damit zusammen, dass die Telomere zu kurz werden. Seit dieser Entdeckung erleben wir einen wahren Tsunami an Erkenntnissen über den Zusammenhang zwischen Altern, Krankheiten und der Länge der Telomere.

Als gäbe es im Inneren jeder Zelle tatsächlich so etwas wie einen Lebensfaden. In der antiken Mythologie bestimmt dieser übrigens nicht nur die Länge, sondern auch die Qualität unseres Lebens.

Ein schönes Bild. Aber die Entwicklung geht eben nicht immer nur in Richtung Verfall: Gelegentlich bewirkt die Telomerase, dass die Telomere wieder wachsen.

In der Sage spinnen die Schicksalsgöttinnen etwas am Lebensfaden hinzu. Wovon aber hängt es wirklich ab, wie gut sich unsere Zellen regenerieren?

Die Lebensumstände spielen eine wichtige Rolle – vor allem chronischer Stress. Gemeinsam mit Psychologen haben wir Mütter von behinderten Kindern untersucht. Weil sie hier in den USA kaum Unterstützung bekommen, stehen sie unter enormer Belastung. Und je mehr Jahre sie ihre Kinder pflegten, desto kürzer waren in der Regel ihre Telomere. Ähnliches fanden wir bei Menschen, die als Kind Traumatisches wie den Tod eines Elternteils oder gar sexuellen Missbrauch erlebt hatten. Je mehr schreckliche Erfahrungen sie verkraften mussten, desto mehr waren, wiederum durchschnittlich, ihre Telomere geschrumpft.

Als wenn jeder Schicksalsschlag etwas vom Lebensfaden abschnitte.

Besonders tiefe Spuren im Zellkern scheinen die frühen Belastungen zu hinterlassen. Damit machen die Ergebnisse eines sehr klar: Wie dringend es ist, die Kinder zu schützen. Allerdings gibt es Menschen, die selbst große Härten erstaunlich gut wegstecken können.

Offenbar ist es auch erblich, wie lange wir leben.

Ja. Ein phantastischer Nachweis dafür ist der Gotha, der deutsche Adelsalmanach. Darin sind die Lebensspannen von rund 45 000 hochwohlgeborenen Töchtern aus ganz Europa verzeichnet; mit den Daten der Söhne ist wenig anzufangen, von denen starben zu viele im Krieg. Die Frauen dagegen hatten fast immer ein bequemes Dasein, solange sie nur das Wochenbett überlebten. Vergleicht man nun das Alter, das sie erreichten, mit dem ihrer Eltern, macht man eine erstaunliche Entdeckung: Bis etwa zum 75. Jahr hat das eine mit dem anderen wenig zu tun. Wer bis dahin stirbt, wurde zufällig von einer Krankheit oder einem Unglück erwischt. Wer es aber über seinen 75. Geburtstag hinaus schafft, verdankt es seinen Genen: Diese Adeligen hatten meist auch besonders langlebige Vorfahren.

Doch wir alle geraten immer mehr in die Lage dieser höheren Töchter! Dank guter Hygiene und einer Medizin, wie sie sich früher nicht einmal Königinnen erhoffen konnten, werden die meisten Menschen leicht 75. Setzen dann also die Gene unserem Leben eine natürliche Grenze?

Wir sind vielleicht die erste Generation, die es herausfinden kann. Denn wir leben in einer Umgebung, wie es sie so geschützt nie zuvor gab. Darauf wurde unser Organismus während der Evolution nicht geprägt. Zwar sterben noch immer viele Menschen an Herz-Kreislauf-Krankheiten, aber es werden weniger: Herzinfarkte lassen sich durch gesünderen Lebensstil vermeiden. Ob das auch für den anderen großen Killer, Krebs, gilt, ist eine offene Frage. Wie weit sich die menschliche Lebenserwartung steigern lässt, ist ein riesiges Experiment. Und wir alle sind die Versuchstiere darin.

Was ist Ihre Vermutung?

120 Jahre lässt der momentane Genpool unserer Art offenbar zu. Der bisher älteste Mensch war die Südfranzösin Jeanne Calment. Sie lernte noch mit 85 Jahren das Fechten, fuhr hundertjährig Fahrrad und starb 1997 mit 122. Wie bei den meisten Über-Hundertjährigen, so wurden auch ihre Verwandten sehr alt. Und sie erfreute sich ihr Leben lang bester Gesundheit – dabei rauchte sie wie ein Schlot!

Woran starb sie?

Das ist unbekannt. Möglicherweise hatte ihr Tod gar keine besondere Ursache, wie bei so vielen sehr alten Menschen: Irgendwann wird einfach das ganze System instabil. Dann genügen schon ein kleiner Sturz oder eine Lungenentzündung, und man stirbt. Im Totenschein steht dann »Herzversagen«. Damit liegt man als Arzt immer richtig.

Normalerweise geht die Medizin davon aus, dass Krankheiten und nicht das Alter den Tod herbeiführen. Sie behaupten das Gegenteil.

Was meinen wir eigentlich mit dem Wort »Krankheit«? Es bedeutet verschiedene Dinge: Da sind zum einen die Leiden mit einem klaren Auslöser. Irgendein Bakterium oder Virus befällt uns, und die Symptome setzen ein. Hier feiert die Medizin ihre großen Erfolge. Aber zum anderen gibt es so etwas wie Herz-Kreislauf-Krankheiten, Krebs oder Altersdiabetes. Sie entstehen aus dem Organismus selbst und bauen sich über lange Zeit auf. Die Ärzte können heute meist nur helfen, mit diesen Leiden zu leben – wenn überhaupt. Denn unsere Medizin blickt zu eng auf die Symptome. Der Diabetologe versucht mit Ihrem Diabetes fertig zu werden, der Internist mit der Arteriosklerose und so weiter. Aber der Grund für diese Krankheiten ist allgemeiner: Offenbar versagen körpereigene Reparaturmechanismen.

Und Sie wollen mit Ihrer Forschung einen Zugang zu diesen Leiden eröffnen.

Ja.

Der wäre?

Die drei großen Killer Krebs, Herz-Kreislauf-Krankheiten und Lungenleiden haben eindeutig mit dem Zustand der Telomere zu tun. Um das genauer zu verstehen, haben wir uns mit einer großen amerikanischen Krankenkasse zusammengetan. Gemeinsam durchforsten wir die Krankengeschichten und Gewohnheiten von 100 000 Versicherten über 65, analysieren ihre Gene und vermessen ihre Telomere. So wollen wir erfahren, welcher Lebensstil bei welchen Erbanlagen welche Belastung für den Körper bedeutet.

Die Versicherten wehren sich nicht dagegen, dass ihre Kasse sie von Grund auf durchleuchtet?

Im Gegenteil: Die Leute rannten uns schon bei den Vorstudien die Türen ein, um teilnehmen zu dürfen. Manche brachten ihren Lebenslauf persönlich vorbei. Andere ließen uns wissen, dass sie wegen ihrer täglichen Yogaübungen wissenschaftlich besonders interessant seien. Sie alle wollten erfahren, wie es um ihre Telomere steht.

Gefällt Ihnen die Rolle als moderne Handleserin, die den Menschen den Zeitpunkt des Todes voraussagt?

Aber den wird doch niemand von mir erfahren! Die Länge der Telomere steht nur statistisch für eine bestimmte Lebenserwartung – so, wie man mit einem hohen Blutfettwert mit einer größeren Wahrscheinlichkeit, aber keineswegs unbedingt einen Infarkt erleidet. Leider fällt es vielen Menschen schwer, Statistik zu verstehen.

Weil sie sich verständlicherweise nicht sehr dafür interessieren, wie viele von hundert Patienten mit einer bestimmten Telomerlänge nach fünf Jahren noch leben. Sie wollen ihr eigenes Schicksal erfahren.

Zumal es so verführerisch anschaulich ist, wenn man sich vorstellt, dass die Länge der Telomere einfach dem biologischen Alter entspricht!

Sie haben eine Firma mitgegründet, die solche Tests noch in diesem Jahr für jedermann anbieten will. Warum?

Weil die Nachfrage danach besteht. Unser Universitätslabor konnte die Anfragen nicht mehr bewältigen, so hat alles begonnen. Und nun muss irgendjemand als Erster an die Öffentlichkeit gehen. Lieber, wir machen es gut als andere schlecht. Darum werden Sie Ihre Probe auch nicht selbst, sondern nur über Ihren Arzt einschicken können.

Was habe ich davon, wenn ich es tue?

Sie bekommen eine Information über Ihren Körper …

… mit der man leider wenig anfangen kann. Sie haben doch gerade erst begonnen, zu erforschen, was genau der Zustand der Telomere für die Gesundheit bedeutet.

Wir behaupten auch nicht, dass wir die Antworten kennen. Jeder, der teilnimmt, soll wissen, dass seine Daten der laufenden Forschung dienen.

Wer sich testen lässt, riskiert ein Ergebnis, das höchst belastend sein kann. Würden Sie erfahren wollen, dass Sie mit einer Wahrscheinlichkeit von 90 Prozent in den nächsten fünf Jahren sterben?

Dazu haben wir ebenfalls eine Vorstudie angestellt: Niemanden schien sein Testergebnis besonders zu kümmern. Auch die Erfahrung mit anderen Gentests zeigt, dass die Menschen mit den Resultaten erstaunlich gut umzugehen verstehen. Wenn Sie kurze Telomere haben, ist das einfach ein Warnsignal, genauer hinzusehen – wie wenn auf dem Armaturenbrett das rote Lämpchen für niedrigen Ölstand aufleuchtet.

Können wir als Erwachsene etwas tun, um den Abbau der Te-lomere umzukehren – oder wenigstens zu stoppen?

Unsere Studien dazu stehen noch am Anfang. Eines immerhin lässt sich schon sagen: Menschen, die sich mehr bewegen und besser schlafen, haben längere Telomere.

Kennen Sie die Länge Ihrer Telomere?

Ja. Ich bin nicht besorgt. Mir geht es gut.

Hat das Ergebnis Ihren Lebenswandel verändert?

Nein. Ich versuche ohnehin, mich jeden Tag eine halbe Stunde zu bewegen. Das ist die einzige Wunderwaffe gegen den körperlichen Verfall, die ich akzeptiere. Die Datenlage dafür ist überwältigend.

Nur Sport? Sie sind eine Minimalistin. Vom Milliardengeschäft mit Nahrungsergänzungsmitteln gar nicht zu reden, wird auch unter Wissenschaftlern ein ganzer Strauß von Rezepten gegen das Altern gehandelt: Verzicht auf Zucker, Rotwein, Vitamin E, grüner Tee …

Jeder versucht eben, was ihm hilfreich erscheint. Aber leider konnte nie jemand die Effekte nachweisen. Kein Mensch versteht, wie die angeblich so segensreichen Stoffe in Rotwein und grünem Tee, die Polyphenole, wirklich wirken – und ob überhaupt. Von Vitamin E in größeren Mengen bekommen Sie Krebs. Sparsam mit Zucker umzugehen ist bestimmt sinnvoll. Aber die Lebensqualität zählt für mich auch.

Sie sind 63. Stören Sie die Anzeichen des Alters denn nicht?

Ich finde mein Alter vorzüglich. Als ich so alt war wie Sie …

… 46 …

… war ich Mutter eines Kleinkinds. Gleichzeitig nahm mich meine Forschung völlig in Anspruch. Ich fühlte mich entsetzlich gestresst. Außerdem habe ich heute einen weiteren Blick auf die Welt. Ich würde nicht tauschen wollen – auch wenn ich damals besser Ski gefahren bin.

Viele Menschen empfinden es als beschämend, dass ihre Fähigkeiten nachlassen und sie nicht mehr aussehen wie früher. Frauen leiden besonders darunter.

Aber das muss nicht so sein. Frauen können einen zweiten Frühling erleben, wenn die Kinder aus dem Haus sind. Dafür brauchen sie allerdings Unterstützung. Leider ist es in unserer Gesellschaft immer noch üblich, dass man ältere Frauen missachtet.

Sie persönlich werden sich kaum darüber beschweren können – bei den Ehren, zu denen Sie kamen.

In den USA ist man als Nobelpreisträger keine solche Rarität – als Nobelpreisträgerin eher. Wenn ich öffentlich auftrete, werden viele Leute ganz aufgeregt und wollen, dass ihre Tochter oder ihre Enkel mich sehen. Allein dass es mich gibt, beweist für sie: Es ist möglich, so etwas zu schaffen. So bemerkte ich irgendwann, dass ich gar nichts mehr tun muss, um nützlich zu sein. Es genügt, am Leben zu bleiben.

Möchten Sie 120 oder gar 200 Jahre alt werden?

Oh ja! Allerdings müssen Sie sagen, welches Lebensalter Sie ausdehnen wollen. Darauf, die Jahre zwischen 80 und 90 zu vermehren, verzichte ich gerne. Die meisten Menschen würden wohl am liebsten die Zeit zwischen 20 und 30 verlängern.

Ich nicht. Zu viel Liebeskummer.

Andererseits sind wir in diesen elenden Jahren auf dem Höhepunkt unserer geistigen Leistungskraft. Wenn ich es mir genau überlege, würde ich mit einem 20-jährigen Gehirn immer wieder von vorne anfangen wollen. Erst würde ich 25 Jahre lang wieder das machen, was ich getan habe. Dann würde ich versuchen, gründlich Mathematik zu lernen und in die Kosmologie zu gehen. Da gibt es so aufregende offene Fragen, dass ich mich oft frage, warum verschwendest du eigentlich deine Zeit mit Biologie. Ich würde öfter Klavier spielen. Und viel mehr Ski fahren.

Solche Träume nannte der Vorsitzende des amerikanischen Bioethikrats, dem auch Sie angehörten, monströs. Denn gerade die Vergänglichkeit habe die besten Seiten des Menschen hervorgebracht: Hingabe, Ernsthaftigkeit, Bindung an die Eltern und Kinder. Was haben Sie ihm erwidert?

Dass die Kürze des Lebens verdammt unpraktisch ist. Der Kollege vermutet, dass Menschen mit der Aussicht auf mehr Jahre Faulpelze werden. Doch kann er das beweisen? Jedenfalls wüsste ich nicht, was an meiner Vorstellung von drei sukzessiven Karrieren für einen Mangel an Ernsthaftigkeit spricht. Allerdings behaupte ich nicht, dass mein Modell für jeden passt. Manche Leute sorgen sich ja, dass sie 180 Jahre mit derselben Person verheiratet sein müssten!

Die Frage ist doch, welchen Sinn das Altern überhaupt hat. Schildkröten etwa bleibt dieses Schicksal erspart.

In welchem Sinne?

Selbst ein Fachmann kann keinen Unterschied zwischen den Organen einer jungen und einer hundertjährigen Schildkröte erkennen.

Offenbar haben diese Amphibien extrem leistungsfähige Reparaturmechanismen. In der Evolution haben sich verschiedene Fortpflanzungsstrategien bewährt: Entweder man vermehrt sich vor allem in jungen Jahren, wie wir. Dann bringt ein längeres Leben keinen biologischen Vorteil. Oder aber ein Tier kann, wie die Schildkröte, bis zum Tod Nachkommen zeugen. Dann bedeutet jedes Jahr mehr ein Gewinn. Allerdings kostet es den Organismus viel Energie, ständig dem Verfall entgegenzuwirken.

Nahrung mag für unsere Vorfahren knapp gewesen sein, für uns ist sie es nicht. Wäre es vorstellbar, den menschlichen Stoffwechsel so zu verbessern, dass auch wir nicht mehr altern?

Grundsätzlich schon. Fraglich ist nur, ob unsere zelluläre Maschinerie dafür ausreicht. Möglicherweise kommt das

System, mit dem wir geboren werden, an einen Punkt, an dem sich nichts mehr herauskitzeln lässt.

Wo mag der liegen?

Das wissen wir nicht. Ich sitze im Beirat einer Initiative namens Tara Oceans, die das ganze Leben in den zehn Metern unter der Meeresoberfläche studieren will. Man findet da die erstaunlichsten Dinge: zum Beispiel Ruderfußkrebse mit unglaublich gut funktionierenden Reparatursystemen. Obwohl es Vielzeller sind, könnten manche von ihnen sogar unsterblich sein.

Dass höheres Leben dem Tod entgegengeht, ist kein Naturgesetz.

Nein.

Fürchten Sie ihn?

Nicht mehr. Mein Sohn ist erwachsen. Mir täte es leid für meinen Mann und ihn, wenn ich ginge. Doch in meinem Leben sind viele gute Dinge geschehn. Warum sollte ich da den Tod fürchten?

Unser Glück hängt von den Freunden ab

Der Soziologe Nicholas Christakis über Eigenarten,
die anstecken, und die unterschätzte Bedeutung
des Miteinanders

Nicholas Christakis ist Experte für menschliche Beziehungen. Aber denen geht er nicht mit einfühlsamen Gesprächen, sondern mit Mathematik auf den Grund. Sein Handwerkszeug sind Computer, in denen er die Vorlieben, den Gesundheitszustand und die Beziehungsgeflechte Zehntausender Menschen gespeichert hat. Die Daten, viele davon aus Online-Netzen wie Facebook, böten den Zündstoff für eine kopernikanische Revolution, behauptet Christakis: Wie einst das Teleskop den Astronomen ungeahnte Welten im Universum auftat, so würde sich schon bald unser Verständnis vom Zusammenleben der Menschen völlig verändern.

Nicht, dass es ihm fremd wäre, Zuwendung zu geben. Als gelernter Palliativmediziner hat Christakis zwei Jahrzehnte lang Sterbende umsorgt. Doch schließlich gab er den Arztberuf auf, um zu erforschen, wie Menschen auf Menschen wirken. Heute ist der griechischstämmige Ame-

rikaner Harvard-Professor für Medizin und Soziologie –
und, glaubt man dem Nachrichtenmagazin TIME, einer
der 100 einflussreichsten Köpfe der Welt.

Wir trafen uns auf Kreta, wo Christakis gerade zu Besuch bei seinem Vater ist. Alle Namen auf -akis seien kretischen Ursprungs, belehrte er mich. Für unser Gespräch lud
uns ein Freund Christakis' auf seine Terrasse mit Blick über
die Ägäis ein.

Herr Christakis, kennen Sie unseren Gastgeber schon lange?

Seit ein paar Jahren. Damals hatte Vater einen Elektriker
im Haus und erzählte ihm von seinem Sohn in Harvard.
»Merkwürdig«, sagte der Mann. »Gerade hatte ich im Nach-
bardorf im Ferienhaus seines anderen Harvard-Professors
zu tun.« Weder ich noch der Kollege hatten voneinander
gewusst. Dabei war er in der Gegend groß geworden! Aber
so funktionieren soziale Netze eben, über Mittelsmänner.
Also nahm ich mit dem Professor in Boston Kontakt auf.
Inzwischen sind wir gute Freunde – und unsere Kinder
sind es auch.

Was ist das für Sie, ein Freund?

Jemand, mit dem ich entweder meine Freizeit verbringe,
oder mit dem ich wichtige Dinge bespreche. So lautet die
Definition. Für mich persönlich ist die emotionale Verbin-
dung wichtiger als gemeinsame Aktivitäten. Ich mag eine
gewisse Zurückhaltung an meinen Freunden und wenn sie
meine Lebenslust teilen. Dass Beziehungen für mich auf
Gesprächen beruhen, ist vielleicht ein etwas weiblicher
Zug – und ein griechischer. Bringen Sie ein paar grie-
chische Männer zusammen …

… und sie reden sich die Köpfe heiß.

Ja. Mein bester Freund ist übrigens meine Frau.

Als ich Ihre Arbeiten las, musste ich an Cicero denken: »Ein Freund ist wie ein anderes Ich.« Aber eigentlich gehen Sie noch über diesen römischen Philosophen hinaus. Sie behaupten, unsere Freunde seien das, was uns eigentlich ausmacht.

Wenn Sie so wollen, ja. Wie glücklich wir sind, welche Filme wir mögen, Müdigkeit, Rückenschmerzen, Depressionen, Drogenkonsum, sogar wann wir sterben – all das hat mit unseren Freunden zu tun.

Üblicherweise macht man die Gene, die Gesellschaft oder auch Gott für diese Dinge verantwortlich.

Ich sage ja nicht, dass nur das soziale Umfeld unser Leben bestimmt. Aber sein Einfluss ist viel größer, als wir denken.

Mit der Feststellung, dass dicke Bäuche ansteckend seien, haben Sie 2007 zum ersten Mal Wirbel erzeugt.

Die Resonanz war unglaublich. Interessant war, wie unterschiedlich sie ausfiel. Die »New York Times« titelte so etwas wie: »Ihre Freunde sind schuld, wenn Sie zulegen.« Eine britische Zeitung sah es umgekehrt: »Wenn Ihre Freunde eine Wampe bekommen, liegt es an Ihnen!« Meine Kollegen und ich bekamen sogar Morddrohungen.

Warum wollte man Sie umbringen?

Weil wir angeblich Stimmung gegen die Übergewichtigen machten. Aber das hatten wir wirklich nicht vor.

Ihre Ergebnisse waren auch eine Provokation. Es liege nicht nur an Junk-Food und Bewegungsmangel, dass immer mehr Menschen zunehmen, behaupten Sie: Man infiziere sich mit Fettsucht, ungefähr so wie man sich eine Grippe einfängt. Wie kamen Sie darauf?

Wir benutzten Daten aus der berühmten Framingham-Studie. In diesem Städtchen bei Boston hatten Epidemiologen seit 1948 regelmäßig den Gesundheitszustand und alle Lebensumstände der Bürger erfasst. Sie wussten also, wer mit wem arbeitet, wer mit wem befreundet ist, wer unter welchen Krankheiten leidet …

… die Leute von Framingham leben wie in einem Big Brother Container.

Inzwischen haben wir auch die Daten der Kinder, Enkel der Menschen von damals. Die leben über die ganzen Vereinigten Staaten verteilt. Aber wir wissen, wo sie sind. 100 000 handgeschriebene Adressen mussten wir dazu in unserem Computer erfassen. Jedenfalls fanden wir, dass ganze Freundeskreise übergewichtig sind. Einen dicken Freund zu haben steigert Ihr Risiko, selbst Speck anzusetzen, um 57 Prozent! Und zwar selbst dann, wenn er anderswo und in einem ganz anderen Milieu lebt. An Einflüssen der Umgebung allein konnte es also nicht liegen.

Und wenn die dicken Bäuche vor der Freundschaft da waren? Vielleicht halten beleibte Menschen einfach zusammen.

Wir wissen, dass die meisten schon befreundet waren, bevor erst der eine, dann der andere zulegte. Entdecken Menschen nun gemeinsam die Lust an der Völlerei? Sicher. Doch Sie können sich auch von Leuten anstecken, die schlank sind und selbst gar nicht viel essen, aber ihrerseits Umgang mit Übergewichtigen haben.

Wie das?

Indem sich die Einstellung zu dicken Bäuchen verändert. Warum sollten Sie sich zurückhalten, wenn Ihr Freund Ihnen unbewusst signalisiert, dass ein paar Pfunde mehr gar nicht so schlimm sind? Wie viel er selbst auf die Waage bringt, ist dann zweitrangig. Später entdeckten wir Ähnliches mit dem Zigarettenkonsum oder auch der Zufriedenheit.

Glück ist ansteckend.

Genau. Wie die Übergewichtigen, so hängen auch die Glücklichen und die Lamentierer in Bekanntenkreisen zusammen. Aber auch hier hängt Ihre Laune nicht nur von der Ihrer Freunde ab, sondern auch davon, wie wohl deren Freunde sich fühlen.

Das mag auch erklären, wo die Deutschen ihre ewige Unzufriedenheit oder auch die Amerikaner ihren chronischen Optimismus hernehmen. Beide sind ja der Glücksforschung ein Rätsel. Generell gibt es keine gute Begründung, warum die Lebenszufriedenheit in vergleichbar hochentwickelten Ländern dermaßen schwankt. Wenn überhaupt, hätten die Amerikaner ja mehr Grund, den Kopf hängen zu lassen, als wir. Wenn wir dennoch miesepetriger sind, liegt es vielleicht daran, dass wir uns gegenseitig immer wieder mit unserer schlechten Laune infizieren. Vielleicht ist unsere Kultur von Unzufriedenheit durchseucht.

Ja, warum nur sind die Deutschen so deutsch? Es reicht ja nicht, dass wir als Kinder deutsch oder amerikanisch erzogen wurden. Vielmehr speist sich jede Kultur aus einem sozialen Netz, in dem sich Menschen immer wieder treffen und dabei gegenseitig in ihren Haltungen bestärken. So gibt es hier in den kretischen Bergen Dörfer mit einer regelrechten Gewaltkultur. Dort ist es für die Menschen selbstverständlich geworden, Streitigkeiten mit Messer und Flinte zu lösen.

Als Städter können wir wählen, mit wem wir uns umgeben. Wenn Glück und Gewohnheiten ansteckend sind, scheint es verführerisch, einfach den Bekanntenkreis zu wechseln, um besser zu leben. Wie vielen Freunden haben Sie schon aus diesem Grund adieu gesagt?

Gar keinem. Ich bin ein freundlicher Mensch. So eine Radikalkur funktioniert meistens auch nicht. Wenn Sie beschließen, einen beleibten Freund zu schneiden, nehmen Sie dadurch kein Gramm ab. Denn der Verlust einer Beziehung fördert ebenfalls das Übergewicht. Das konnten wir nachweisen.

Wie kamen Sie darauf, nach dem Einfluss der Bekannten auf unser Leben zu suchen? Sie sind eigentlich Arzt.

Meine Mutter erkrankte unheilbar, als ich sechs Jahre alt war. Darum studierte ich Medizin, wie so viele, die mit einem chronisch kranken Elternteil aufwachsen. Weil ich etwas für die Sterbenden tun wollte, wurde ich Palliativmediziner. So stieß ich auf den Witweneffekt: Der Tod eines Partners verkürzt statistisch das Leben des anderen. Ich wollte herausfinden, warum das so ist.

Sie waren damals in den Armenvierteln von Chicago unterwegs. Hat der Umgang mit den Sterbenden Sie nicht deprimiert?

Nein. Aber ich spürte, wie ich emotional ausbrannte. Zum einen lag es an meinem eigenen Älterwerden: Immer öfter bekam ich Patienten, die jünger waren als ich.

Was Sie an Ihre eigene Sterblichkeit erinnerte.

Natürlich. Zum anderen wurden die Fälle immer schwerer. Anfangs behandelte ich viele Alte, die ihr Leben gelebt hatten. Aber die Hausärzte lernten über Palliativmedizin dazu. So kamen zu uns nur noch Patienten, an denen die Allgemeinärzte verzweifelten – die 30-jährige, an Eierstockkrebs erkrankte Mutter zweier Kinder, deren Schmerzen auf kein Mittel ansprechen.

Wie kann ein Arzt einer solchen Frau helfen?

Indem er ihre Bedürfnisse ernst nimmt. Wir haben untersucht, was Patienten unter einem guten Tod verstehen. Viele Antworten waren kaum überraschend: Schmerzfrei, zu Hause, im Frieden mit Gott und der Welt. Aber der dringendste Wunsch ist immer, mit den nahen Menschen zusammen zu sein. Als meine eigene Mutter mit 47 Jahren starb, war ich 25. Ich pflegte sie. Als ich sie fragte, ob sie uns aufgeben kann, antwortete sie: »Mein Junge, du kannst dir nicht vorstellen, wie schwer mir das fällt.« Heute verstehe ich die Phasen ihres Sterbens viel besser. Sterben hat viel mit Loslassen zu tun. Sterbende verlieren ihr Interesse an der Zukunft, später sogar am Essen. Wenn sie die Nahrung verweigern, ist das ein ganz schlechtes Zeichen. Aber stets das Letzte, was sie loslassen, ist die Beziehung zu ihren Angehörigen – ihr soziales Netz.

Für jedes andere Tier steht eindeutig Nahrung an erster Stelle. Bei uns Menschen scheint das anders zu sein.

Wir denken an andere, weil für uns der Vorteil, in sozialen Netzen zu leben, die Nachteile weit übersteigt. Denken Sie nur daran, wie viel produktiver schon Jäger und Sammler sein können, wenn sie sich zusammentun. In entwickelten Gesellschaften gedeihen ganze Regionen umso besser, je weiter die Kontakte der Menschen dort reichen. Und was schließlich wäre meine eigene Arbeit ohne den ständigen Austausch mit dem Politologen James Fowler? Wir arbeiten schon seit zehn Jahren zusammen und sind darüber enge Freunde geworden.

Aber kann man die Beziehungen unter Jägern und Sammlern wirklich mit unseren vergleichen? Schon hier in den kretischen Dörfern leben die Menschen doch ganz anders zusammen als in Boston oder Berlin.

Die Unterschiede sind nur oberflächlich. Bei uns haben etwa 10 Prozent der Menschen einen Freund, weitere 10 Prozent haben zwei, 20 Prozent drei. Nur ein Prozent hat 50 Freunde. Grob ein Drittel der Freunde eines Menschen sind auch untereinander bekannt. Nun haben wir die Hazda untersucht, ein Stammesvolk in Tansania. Natürlich haben sie einen anderen Begriff von Freundschaft als wir. Um herauszubekommen, wer wem nahesteht, fragten wir, wem sie etwas von ihrem gesammelten Honig abgeben würden. Aber ihre sozialen Netze und unsere haben eine sehr ähnliche Struktur.

Wenn es auf die Kultur so wenig ankommt, liegt ein Schluss auf der Hand: Es ist uns angeboren, wie wir unsere Freundschaften knüpfen.

So scheint es zu sein. Ob Sie Außenseiter sind oder jedermanns Liebling, wie viele Kontakte Sie pflegen, darauf haben die Gene großen Einfluss. Sie bestimmen auch mit, ob jemand lieber viele Bekannte um sich versammelt oder die Zweisamkeit liebt. Wir fanden auch, dass Ihre Freunde Ihnen genetisch ähnlicher sind als andere Menschen.

Dann wäre das schöne Wort »Seelenverwandtschaft« buchstäblich zu nehmen.

Ja, nur sind die Ähnlichkeiten natürlich nicht so groß wie zwischen echten Geschwistern. Offenbar hingen die Überlebenschancen unserer Vorfahren in der Evolution davon ab, mit wem sie eine Beziehung eingingen.

Als wäre so ein verborgener Magnetismus entstanden, der uns bis heute zusammenbringt. Und ich dachte, dass ich mir meine Freunde ausgesucht habe!

Zehn Jahre Forschung haben mein Bild von mir selbst völlig verändert. Ich sehe mich heute eher als Teil eines größeren Ganzen – eines menschlichen Superorganismus. Dessen Leben ist viel komplexer als das jeder Einzelperson. Wir haben Computeranimationen davon gemacht, wie sich soziale Netze entwickeln. Sie sind sehr anrührend. Man sieht da ein Geflecht, das sich ständig verändert – als würde es leben, atmen und sich erinnern. Ideen und Krankheitserreger verbreiten sich darin. Und wenn eine Wunde entsteht, weil ein Mensch starb, wird sie geheilt.

Jetzt klingen Sie fast religiös.

Hier geht es doch um uralte philosophische und sogar theologische Fragen: Was ist der Ursprung der Liebe? Warum haben wir Freunde? Weshalb gibt es Selbstlosigkeit? Seit Zehntausenden Jahren hat der Mensch nur noch einen nennenswerten natürlichen Feind: andere Menschen. So entwickelte sich unsere Art in einer Welt, in der wir nur zusammenarbeiten oder einander bekämpfen können. Indem Jesus Christus die Nächstenliebe predigte, trug er dem Rechnung. Wie immer man zur Religion steht: Er war ein sehr kluger Mann.

Ich verstehe Ihre Gefühlsbewegung. Nie hat mich die Beschäftigung mit einem Thema so gerührt wie die Arbeit an meinem Buch »Der Sinn des Gebens«, auch da geht es um diese Fragen. Aber ich verstehe Menschen, die nicht als Marionetten ihrer sozialen Umgebung dastehen wollen. Die meisten von uns legen großen Wert auf ihre Unabhängigkeit – und darauf, sich als Herr ihrer Entscheidungen zu fühlen.

»Wenn die Menschen tun können, was sie wollen, ahmen sie meistens einander nach.« So formulierte es der Philosoph Eric Hoffer. Denken Sie an einen Büffel in einer Stampede. Würde er behaupten, er rennt nach links, weil er es so entschieden hat? Er tut es, weil die Herde es tut.

Eben. Niemand sieht sich gern als Herdentier. Ich vermute, Sie bekamen Morddrohungen aus einem tieferen Grund als der Angst vor Diskriminierung: Einige fühlten sich in ihrem Selbstwertgefühl angegriffen.

Mag sein. Doch wie wackelig unsere Individualität ist, hat der französische Soziologe Émile Durkheim schon im vorletzten Jahrhundert gezeigt. Können Sie sich eine persönlichere Entscheidung vorstellen als die, freiwillig aus dem Leben zu gehen? Tatsächlich aber hängt die Häufigkeit der Selbstmorde in Frankreich seit Jahrhunderten davon ab, welcher Konfession einer angehört: Protestanten bringen sich öfter um. Niemand ist eine Insel. Finden wir uns damit ab.

Dass wir uns dermaßen daran klammern, Individualisten zu sein, ist doch eine recht neue Entwicklung. Einem Menschen im Mittelalter hätte es kaum eingeleuchtet, was an persönlicher Unabhängigkeit so erstrebenswert ist. Wahrscheinlich hätte er nicht einmal begriffen, was wir damit meinen.

Wir sind in den letzten Jahrhunderten eben sehr erfolgreich darin gewesen, die Welt in immer kleinere Teile zu zergliedern. Der Mensch besteht aus Organen, die Organe aus Zellen, die Zellen aus Molekülen und die wiederum aus Atomen. Genauso sehen wir die Gesellschaft aus kleinsten Einheiten, den Individuen zusammengesetzt. Und wir dachten, wenn man durchschaut, was die Atome umtreibt, kann man auch das große Ganze verstehen. Nun aber stellt sich zunehmend heraus, wie sehr das Ganze auf die Einzelteile zurückwirkt – in der Biologie ebenso wie im Zusammenleben der Menschen.

Schön, aber wozu brauchen wir die Illusion der unbegrenzten Freiheit?

Wenn ich das wüsste.

Vielleicht, damit wir uns verantwortlich fühlen für das, was wir tun. Wenn ich glaube, dass ich frei entscheide, weiß ich auch, dass ich für alle meine Taten geradestehen muss. Und dann habe ich einen starken Anreiz, mich moralisch zu verhalten.

Aber dabei konstruieren wir leicht einen falschen Gegensatz. Wenn jemand etwas ausgefressen hat, liegt es ja nicht entweder an ihm oder an seiner Umgebung: Natürlich spielt beides zusammen. Und oft führt es weiter, am sozialen Netz anzusetzen, damit die Menschen moralischer werden. In Chicago etwa läuft ein Programm, um die Gewaltspirale zu stoppen. Wenn jemand erschossen wurde, fahren sofort Sozialarbeiter zu den Angehörigen des Opfers und versuchen der ganzen Gruppe auszureden, Vergeltung zu üben. Das wirkt viel besser als die Drohung, für einen Rachemord im Gefängnis zu landen oder gar auf dem elektrischen Stuhl.

Die meisten Menschen sehen moralische Entscheidungen als solche, die jeder allein mit seinem Gewissen ausmacht.

Ich glaube, dass Moral erst im Miteinander entsteht. Denn nicht nur Gewalt, auch Fairness und Großzügigkeit stecken an. In einem Experiment, das wir untersucht haben, sollten Menschen immer wieder freiwillig in eine Gemeinschaftskasse einzahlen. Dabei kamen sie in jeder Runde mit neuen Mitspielern zusammen. Trotzdem zeigten sie sich für jede Wohltat, die sie zuvor von anderen erfahren hatten, erkenntlich. Am Ende hatte das soziale Netz die Wirkung jeder guten Tat mehr als verdoppelt.

Merkwürdig ist ja, dass wir heute individualistischer denken und fühlen als jemals zuvor – während wir uns zugleich mit immer mehr Menschen vernetzen. Verändern denn Facebook und Co das Zusammenleben?

Wenn Sie Ihre Urgroßmutter gefragt hätten, wie viele Freunde sie hat, wäre die Antwort vermutlich gewesen: zwei oder drei enge, eine Handvoll weniger enge, viele lose Bekannte. Dieselbe Auskunft bekommen Sie von Ihrer Tochter. Wie das Netz unserer Beziehungen aussieht, daran kann die Technik nichts ändern. Sie erleichtert es aber, es zu knüpfen. Und sie gibt uns neue Möglichkeiten. Beispielsweise können Sie mehrere virtuelle Identitäten annehmen.

Mir scheint, dass die Onlinenetze auf die wirkliche Welt sehr wohl Auswirkungen haben. Denken Sie nur an die ägyptische Revolution: Wäre sie ohne Internet und Twitter denkbar gewesen?

Kaum. Aber die Netze transportierten Informationen, keinen revolutionären Elan. Twitter stachelte nicht den

Willen an, einen Aufstand zu wagen, es half nur, ihn zu organisieren.

Kann man das eine vom anderen trennen? Je besser ich weiß, wo und wie ich mit Gleichgesinnten auf die Straße gehen kann, umso eher werde ich es tun.

Wir werden die Antwort bald kennen. Mehrere Kollegen erforschen gerade die Twitter-Daten aus dem vergangenen Frühling. Doch trotz aller Technik beeinflussen uns die Freunde, die wir regelmäßig sehen, weitaus am stärksten. Wir haben das auf den Facebookseiten von 1700 Studenten untersucht. Wir dachten, ihr Musik- und Filmgeschmack würde sich im Netz genauso verbreiten wie in der wirklichen Welt. Aber keineswegs. Ein Facebookfreund brachte einen anderen in aller Regel nur dann dazu, »The Killers« oder »Pulp Fiction« zu mögen, wenn irgendwo im Netz ein Foto steht, auf dem sie gemeinsam zu sehen sind – sie sich also auch persönlich kannten.

Allerdings genießen wir Kino und Musik meist auch gemeinsam mit anderen. Andere Vorlieben verbreiten sich möglicherweise eher über das Netz. Und manche Gemeinschaften gibt es nur in der virtuellen Welt. Denken Sie an die Fangruppen von Internetspielen oder das Heer der Wikipedia-Autoren.

Gewiss hängt es stets davon ab, womit wir uns anstecken. Schon manche Filme scheinen infektiöser als andere: Unter den zehn Lieblingsfilmen der Studenten übertrug sich die Begeisterung für »Good Will Hunting« am stärksten. »Der Herr der Ringe« dagegen riss kaum Freunde vom Hocker. Warum? Wir wissen es nicht. Viele Kollegen versuchen derzeit, Facebook und Twitter mit allerlei Ideen zu füttern, um so herauszufinden, welche davon sich am besten verbreiten. Das Problem ist, dass auch wir nur die öffentlich zugänglichen Daten von Facebook bekommen.

Ich finde es schwer erträglich, dass sich so umfassendes Wissen über das Leben von Milliarden Menschen völlig unkontrolliert in der Hand weniger Unternehmen befindet.

Das wird sich ändern. Als die Energie- und Wasserversorger vor gut hundert Jahren unsere Länder mit ihren Netzen überzogen, konnten die Unternehmen auch tun, was sie wollten. Heute sind sie stark reguliert. Den Internetkonzernen wird es genauso ergehen. Gesetze werden ihnen vorschreiben, welche Daten sie erheben und speichern dürfen, wie sie ihre Nutzer aufklären und welche Informationen sie herausrücken müssen. Wir brauchen Transparenz.

Genügt das? In der Welt, die Sie sich erträumen, werden die Menschen keine Geheimnisse mehr haben. Kürzlich veröffentlicht einer Ihrer Kollegen eine Studie, für die er jede Bewegung von 100 000 Europäern anhand der Signale aus ihren Handys über sechs Monate verfolgte.

Die Frage ist doch, was geschieht mit den Daten. Natürlich stürzt sich die Werbeindustrie schon heute darauf. Ich mache mir Sorgen, dass sie mit immer gezielteren Botschaften die Gier der Menschen noch weiter verstärkt. Jede machtvolle Technik hat eben auch eine dunkle Seite. Die Kernspaltung hat uns günstige Energie beschert – und die Atombombe.

Ein schönes Beispiel. Als die Reaktoren neu waren, hielt je-
der sie für einen Segen. Heute sehen viele darin einen Fluch.
Möglicherweise stecken wir noch so sehr in den Anfangstagen
der Vernetzung, dass wir die Folgen noch nicht einmal ahnen.

Vermutlich haben Sie recht. Aber es bieten sich auch ungeahnte Möglichkeiten. Stellen Sie sich vor, Sie hätten vor
zwanzig Jahren einen Sozialwissenschaftler nach dem idea-
len Forschungsinstrument gefragt. »Eine Armada unsicht-
barer kleiner Hubschrauber«, hätte er geantwortet. Über
jedem Menschen sollte so ein Helikopterchen schweben,
ihn verfolgen, jedes Wort aufnehmen, jede Bewegung und
sogar alle Wünsche verzeichnen. Heute, mit dem Netz,
sind wir so weit.

Die Evolution ging ins Auge

Unser Körper ist eine Katastrophe, daran ist unser Erbgut schuld – etwa, wenn wir kurzsichtig werden. Es wird Zeit, dass wir daraus lernen, sagt der Mediziner Detlev Ganten

Detlev Ganten ist einer der einflussreichsten Mediziner in Deutschland – und der einzige mir bekannte Spitzenforscher, der einen Lehrbrief als landwirtschaftlicher Gehilfe besitzt. Als junger Mann pflügte er die Kartoffelfelder an der Wesermündung, aber dort hielt es ihn nicht lange. Er wurde Arzt und wanderte nach Kanada aus, wo er die Ursachen des Bluthochdrucks erforschte. Als Gründungsdirektor des 1991 eröffneten Max-Delbrück-Centrums für Molekulare Medizin in Buch bei Berlin gehörte er zu den Pionieren der Gentherapie und leitete schließlich die Charité, das berühmte Berliner Universitätskrankenhaus. Heute organisiert er den »World Health Summit«, eine jährliche internationale Konferenz in Berlin, auf der führende Experten Gesundheit für alle Menschen zu einem obersten Ziel der Politik erheben wollen – und macht sich für eine Medizin stark, die den Menschen vor dem Hintergrund unserer Herkunft aus der Steinzeit sieht.

Herr Ganten, Sie schreiben, dass der menschliche Organismus vielen seiner Aufgaben beklagenswert schlecht angepasst sei. Empfinden Sie sich als eine Fehlkonstruktion?

Nicht wirklich. Aber ebenso wenig sehe ich mich als Krone der Schöpfung. Ich versuche, meine Begrenzungen, manchmal mit Bedauern, zu akzeptieren.

Die wenigsten sind so nachsichtig wie Sie mit der Natur. »Wenn ein Student es wagen würde, eine derartige Fehlkonstruktion wie das menschliche Auge abzuliefern – ich würde sie zurückweisen.« So schimpfte der große Physiker und Physiologe Hermann von Helmholtz schon im 19. Jahrhundert.

Sicher, ein guter Ingenieur würde das Auge anders entwerfen. Es könnte anpassungsfähiger sein, sollte nie kurz- und weitsichtig werden …

… und keinen blinden Fleck haben.

Aber die Natur ist kein Ingenieur. Ich habe ja lange in der Genomforschung gearbeitet. Da wurde ich oft nach Designerbabys gefragt.

Wie würde ein optimaler Mensch aussehen?

Bestimmt ganz anders als wir. Schon dass wir mehrmals am Tag essen müssen, ist doch blöd. Lange grüne Ohren könnten das Licht einfangen und per Photosynthese in Energie verwandeln. Und wenn wir schon eine ganz andere Linie der Entwicklung einschlagen: Warum nicht die der Mollusken? Als Weichtiere wären wir die Wirbelsäule samt Rückenschmerz los. Aber wollen wir das wirklich? Ich nicht. Es ist doch eine wichtige Erfahrung, mit Grenzen fertig zu werden.

Gewiss. Aber wie erklären Sie das einem Patienten, der erblindet, weil seine Netzhaut aufgrund der sonderbaren Konstruktion unseres Auges unaufhaltsam degeneriert?

Natürlich sind viele Gebrechen schwer zu ertragen. Doch gäbe es nicht immer wieder Abweichungen von der einigermaßen funktionierenden Norm, hätte sich der Mensch niemals entwickelt: Variabilität ist ein Prinzip der Evolution. Sie macht uns alle einzigartig – und ermöglicht Krankheiten. Aber Sie haben recht, ich rede leicht, weil ich gesund bin.

Nicht einmal Rückenschmerzen plagen Sie?

Doch. Auch ich ärgere mich gelegentlich über die unvermeidliche Mitgift der Evolution. Wir haben die Wirbelsäule ja von den Fischen. Die brauchten vor gut 500 Millionen Jahren etwas, wo die Muskeln ansetzen konnten. In der Schwerelosigkeit war das Prinzip Rückgrat ideal. Aber dann gingen die Amphibien und Reptilien an Land; schließlich kam der aufrechte Gang. Und dafür ist die Wirbelsäule viel zu schwach. Aber den Bauplan der Fische wurde die Natur nie wieder los.

Weshalb hätte sie ihn auch aufgeben sollen? Wenn sich der Bandscheibenvorfall einstellt, haben wir uns meist schon vermehrt.

Eben. Überleben und Fortpflanzung ist die Währung der Evolution. Wir sind nicht dafür gebaut, gesund zu sein. Und schon gar nicht kümmert sich die Natur darum, ob es uns im Alter gutgeht.

Aber noch nicht einmal unsere Geschlechtsorgane sind besonders funktionstüchtig. Die Probleme beginnen doch schon bei der Geburt: Der Geburtskanal etwa ist für unseren Kopf viel zu eng. Wo es keine gute Medizin gibt, sterben bei jeder zehnten Geburt der Säugling und bei jeder Fünfzigsten die Mutter.

Trotzdem war die Notwendigkeit in der Evolution offenbar zu gering, den Bauplan zu ändern.

Ein zu breites Becken behindert den aufrechten Gang.

Also blieb es bei der schmerzhaften Geburt. Die Natur macht Kompromisse.

Nicht die beste Lösung setzt sich durch, sondern die am wenigsten schlechte.

Sogar Krankheiten können ein Vorteil sein in der Evolution. Wir brauchen dringend eine neue Medizin, die diese Zusammenhänge wissenschaftlich und systematisch untersucht. Eine der häufigsten Erbkrankheiten unter Europäern ist die Mukoviszidose. Jeder Zwanzigste unter uns trägt in sich ein entsprechend verändertes Gen, ein Allel. Für sich allein ist es harmlos. Kommen aber je ein Mukoviszidose-Allel vom Vater und von der Mutter im Erbgut eines Menschen zusammen, so entsteht ein zähflüssiger Schleim in den Bronchien. Schon als Säuglinge leiden diese Patienten unter Sauerstoffmangel. Noch vor zwanzig Jahren starben sie bald, heute erreichen sie das Erwachsenenalter. Warum aber ist das defekte Gen nicht verschwunden? Weil es offenbar früher vor Infektionskrankheiten wie Tuberkulose und Cholera geschützt hat. Sobald eine solche Seuche ausbrach, hatten die Träger von Mukoviszidose-Allelen bessere Karten. Den Preis bezahlen wir mit einem noch immer unheilbaren Leiden.

Nur ist dies nicht allein Schuld der Natur. Denn ohne Städte keine Seuchen. Mukoviszidose hatte erst eine Chance, als die Menschen immer dichter zusammenzuleben begannen und Seuchen sich schnell ausbreiten konnten. Mit der Kultur veränderten unsere Vorfahren auch unsere Gene.

Ja, das Erbgut ist viel weniger statisch, als wir lange Zeit dachten. Das verstehen wir erst seit der Entschlüsselung des Genoms. Wir haben in den letzten Jahren ein neues Verständnis der Evolution gewonnen.

Als Weintrinker erstaunte mich eine Vermutung über unsere Fähigkeit zum Alkoholkonsum: Dass der Körper überhaupt mit Alkohol umgehen kann, verdanken wir einer genetischen Anpassung während der jüngsten Vergangenheit. Unsere Vorfahren haben uns regelrecht zu Trinkern gezüchtet.

Aber nur in Europa. Hier war Alkohol bis ins 19. Jahrhundert auch ein Desinfektionsmittel zum Schutz vor verseuchtem

Trinkwasser. Lieber trank man Wein oder Bier – in England um das Jahr 1670 über drei Liter pro Kopf und Tag, die Kinder eingeschlossen. Wer Alkohol schlecht vertrug, blieb da auf der Strecke. So könnten sich Genvarianten durchgesetzt haben, die uns bis heute das Trinken erlauben. In Asien dagegen wirkte die Evolution möglicherweise genau entgegengesetzt. Denn wo Hepatitis verbreitet ist, bedeutet Alkohol ein zusätzliches Risiko. Folglich sind viele Asiaten alles andere als trinkfest. Ihnen fehlt von Geburt an ein Enzym, ein Stoff, der Alkohol abbaut.

Und die Evolution geht weiter. Erst vor drei Jahren zeigte eine amerikanische Studie, dass heutige Frauen umso mehr Kinder bekommen, je stämmiger sie sind und je bessere Blutwerte sie haben. Diese Merkmale übertragen sie dann der nächsten Generation. Sollte sich diese Entwicklung fortsetzen, sehen die Menschen der Zukunft zwar etwas pummelig aus – müssen sich aber nicht mehr vor Herzinfarkt fürchten. Arbeitet die Natur da in unsrem Sinne?

Ich wäre da skeptisch. Denn die Evolution hat kein Ziel. Auch sind ihre Mechanismen andere geworden, seit die Menschen weltweit mobil sind. Unsere Vorfahren lebten dagegen in weitgehend abgeschlossenen Gemeinschaften. In diesen konnten sich neue Merkmale zuerst durchsetzen. Wenn etwa während einer Hungersnot in einer Gruppe jeder Zweite ausgelöscht wurde, jedoch die Männer und Frauen mit den besten Genen überlebten, konnte sich das Erbgut eines Stammes schnell ändern. In solch einer geschlossenen Gruppe hatten die am besten Angepassten tatsächlich die besten Chancen. Heute dagegen durchmischen wir die Gene über alle Kontinente, dadurch hat sich der

Genpool vergrößert,. Auch sind die Reproduktionskriterien und Mechanismen der Selektion heute kulturell überlagert. Darum haben es neue Varianten viel schwerer, selbst wenn sie uns eigentlich nützlich wären.

Unsere Vorfahren lebten in eher geschlossenen Gruppen. Da hatten die am besten Angepassten eindeutig bessere Chancen.

Unser Körperbau und die Welt haben sich seit der Zeit der ersten Menschen verändert. Trotzdem empfehlen Sie, wir sollten uns auf die Lebensbedingungen der letzten zwei Millionen Jahre besinnen. Das würde viel Leid vermeiden. Warum?

Weil Evolution sehr langsam ist, das Tempo der Zivilisation dagegen rasant. Vor hundert Jahren wohnte ein Zehntel der Weltbevölkerung in Städten, bald wird jeder Dritte in Metropolen mit 40 Millionen und mehr Einwohnern leben. In einigen Punkten mögen wir uns biologisch angepasst haben, aber die Steinzeit steckt uns weiter in den Knochen. Wenn Sie darauf keine Rücksicht nehmen, bezahlen Sie mit Einschränkungen und Krankheit.

Sollen wir wieder in Höhlen schlafen?

Ich lebe gern im modernen Berlin. Das Leben in der Steinzeit war kurz und mühsam. Ich rate auch niemandem zu einer Steinzeitdiät. Diese Gurus, die Wurzeln und Engerlinge als optimale Speisen empfehlen, verstehen weder etwas von Ernährung noch von unserer Herkunft. Ich will vielmehr, dass wir einen neuen Lebensstil entwickeln, indem wir uns als Kinder der Evolution begreifen.

Das bedeutet?

Sie werden Berlin nur dann verstehen, wenn Sie seine Geschichte kennen. Mit unserem Organismus ist es genauso. Zum Beispiel ist unsere Immunabwehr auf eine schmutzige Welt eingerichtet, Weil sie sich gemeinsam mit den Krankheitserregern entwickelt hat, brauchen wir den ständigen Umgang mit Bakterien, Pilzen, Viren und Dreck, um sie zu trainieren. Dass heute immer mehr Menschen unter Allergien leiden, geht vermutlich auch darauf zurück, dass wir zu wenig Berührung mit Fremdstoffen haben.

In jedem deutschen Supermarkt finden Sie mehr Sorten Reinigungsmittel als Obst. Fehlt aber der Immunabwehr ein sinnvolles Ziel, läuft sie Amok.

So ist es. Aber offenbar legen wir mehr Wert auf Reinlichkeit als auf gute Ernährung.

Nun kann die Körperabwehr ja nicht nur harmlosen Staub bekämpfen, sondern auch den eigenen Leib. Darum frage ich mich, ob zu wenig Dreck im Leben auch Autoimmunkrankheiten befördern könnte – etwa Arthritis.

Das stimmt. Sogar viele Krebsarten entstehen, weil das Immunsystem nicht richtig funktioniert: Wenn die Mechanismen, die entartete Zellen ausgrenzen und abtöten sollen, versagen, wächst der Tumor. Aber auch über diese Zusammenhänge wissen wir noch zu wenig.

Wenn sich Ihre Vermutung bestätigt, dann kommt es uns teuer zu stehen, dass wir kaum mehr an Infektionen sterben. Denn dank der Hygiene gelang es, die ansteckenden Krankheiten zu besiegen. Wollen Sie diesen Erfolg wirklich rückgängig machen?

Nein. Aber versiegelte Stadtlandschaften bergen eben andere Gefahren, da brauchen wir eine Balance zwischen Hygiene und Herausforderung des Immunsystems. Würmer zum Beispiel werden meist mit nicht sauberer Nahrung aufgenommen. Menschen, die einmal als Kinder welche im Darm hatten, erfreuen sich eines besonders gut funktionierenden Immunsystems.

Manche Ärzte infizieren ihre Patienten schon absichtlich mit Peitschenwürmern, um bei Autoimmunkrankheiten zu helfen. Die ersten klinischen Studien berichten von Erfolgen.

Auch Blutegel erleben eine Renaissance in der Medizin. Derzeit würde ich mir allerdings noch keine ansetzen lassen. Wozu ich uneingeschränkt raten kann, ist, Kinder unbeschwert auf dem Land auch mal im Dreck spielen zu lassen, das stärkt das Immunsystem. Wir kennen keine bessere Vorsorge gegen Allergien. Sollen sie barfuß durch den Misthaufen stapfen! Mir ist das auch bekommen.

Sie haben das Gymnasium abgebrochen, um Bauer zu werden. Warum?

Weil ich mich gegen mein bürgerliches Elternhaus auflehnte. Da bot mir ein Onkel an, auf seinem Hof eine Lehre zu machen und später den Betrieb zu übernehmen. Also verließ ich die Schule mit einem furchtbaren Zeugnis und lernte mit meinen zarten Fingern, die bis dahin nur Geige gespielt hatten, Pferde vor den Pflug zu spannen. Damals, 1957, fuhr ja in diesem Dorf noch kein einziger Trecker. Aber mit der Zeit legte sich meine Begeisterung für die Landwirtschaft, den Hof bekam ein Vetter, und ich ging zurück auf die Schule. Erstaunlicherweise waren meine Noten sofort viel besser. Das hat mich gelehrt, wie wenig Leistung mit Wissen zu tun hat und wie viel mit Motivation. Denn nach der Plackerei auf dem Bauernhof war Lernen keine Arbeit mehr, sondern reine Freude. Und so habe ich auch alles empfunden, was ich seither tat.

Haben Sie den Bauernhof nie vermisst?

Ich liebe die Landwirtschaft noch immer, doch ich sehne mich nicht auf Dauer zurück. Ich habe vieles gelernt: über den Wert der Ernährung, über Leben und Tod. Das Schlachten von Tieren ist auf dem Hof ja etwas Normales. Und wenn jemand stirbt, wird die Leiche aufgebahrt. Die Kinder sind dabei und erleben das mit, niemand findet den toten Körper furchterregend. Die Leiche wird feierlich begraben nach festen Ritualen, anschließend gibt es das gemeinsame Essen und Trinken, und dann geht man wieder an die Arbeit. Diese natürlichen Abläufe haben mich beeindruckt. Alles dies spielt sich in der urbanen Gesellschaft hinter den weißen Türen der Anstalten ab.

Die heutige Medizin klammert all diese Erfahrungen aus. Sie sieht den Körper nur als eine überaus komplizierte Maschine. Ist ein Teil kaputt, repariert man es eben. Wie der Mensch zum Rest der Welt steht, spielt keine Rolle. Viele Patienten fühlen sich davon verschreckt.

Viele Ärzte haben es ja nie anders gelernt. Wir betreiben viel zu viel Reparaturmedizin. Allerdings können wir es uns nicht mehr lange leisten, immer mehr Menschen erst krank werden zu lassen und sie dann zu reparieren – oder es zumindest zu versuchen.

Da klangen auch Sie noch vor wenigen Jahren ganz anders. Als Leiter eines großen deutschen Zentrums für molekulare Medizin stellten Sie uns phantastische Therapien in Aussicht: Ärzte sollten künftig Gene ersetzen, so, wie sie ihren Patienten heute künstliche Hüften einbauen.

… und hinterher würde der Patient nicht einmal merken, dass er mal ein krankes Gen hatte. Ja, so einfach haben wir uns das damals gedacht. Das Konzept war auch großartig. Die Begeisterung über die Fortschritte der Forschung hat uns mitgerissen. Das Max-Delbrück-Centrum gehörte ja zu den Ersten, die Gentherapie konzipierten und experimentell erprobten. Ich werfe mir das heute nicht vor, Forscher brauchen Enthusiasmus. Und es gibt tolle Erfolgsgeschichten in der Medizin. Aber wir sind zu oft mit simplen Vorstellungen auf die Nase gefallen. Die Gentherapie hat sich bei einigen seltenen Krankheiten inzwischen bewährt. Doch die Weltgesundheit werden wir damit nicht nennenswert bessern.

Ich finde die moderne Medizin dort elegant, wo sie gegen einfache Ursachen kämpft. Etwa bei Infektionen: Man kennt den Erreger, impft dagegen, und die Krankheit tritt gar nicht erst auf. Aber die meisten Leiden sind komplex. Und umso hilfloser handeln die Ärzte. Vor ein paar Monaten unterzog ich mich einer Augenoperation. Der Operateur gab zu, dass mein eigentliches Problem in der Steuerung der Augenmuskeln im Gehirn liege, die man aber leider nicht verstehe. Also kürzte er ein paar Muskeln. Es hat funktioniert. Aber die Methode war plump und brutal.

Wer heilt, hat recht! Haben Sie mal den Hammer gesehen, mit dem man in der Chirurgie einen Nagel in den gebrochenen Knochen schlägt? Auch nicht besonders elegant, aber wirksam.

Weil das Problem einfach ist. Vor den großen, komplexen Volkskrankheiten dagegen stehen die Ärzte noch immer machtlos – Rheuma, Alzheimer, Krebs.

Immerhin können wir manche Symptome besser lindern. Natürlich gibt es auch echte Fortschritte. Wir können Bluthochdruck fast ohne Nebenwirkungen behandeln, Kinder sterben nicht mehr an Leukämie. Und wir haben effiziente Blutfettsenker, Schmerzmittel, Psychopharmaka. Die allerdings verschreiben wir, oft ohne dass wir ihre Langzeitwirkungen kennen. Und es gibt viel mehr Antibiotika als in meinen Anfangsjahren als Arzt; trotzdem verschlechtert sich derzeit die Lage bei Infektionen, weil immer mehr resistente Keime auftreten.

Wie viel mehr Gesundheit bringt also mehr Medizin? Mich haben Untersuchungen beeindruckt, nach denen wir den Sieg über Typhus, Lungenentzündung und Masern keineswegs den Ärzten verdanken. Die Zahl der Menschen, die daran erkrankten, fiel nämlich vor mehr als 100 Jahren, bevor es Impfungen und Antibiotika gab. Die Ursachen waren vielmehr bessere Hygiene und Bildung.

Stimmt. Schon Rudolf Virchow, der große Arzt hier an der Charité, forderte im 19. Jahrhundert Freiheit, Bildung und Wohlstand: Gesundheit ist viel mehr als nur Medizin.

Derzeit häufen sich die Hinweise darauf, dass unser Lebensstil Leiden wie Krebs, Herzinfarkt und Diabetes noch weit stärker beeinflusst als bisher gedacht. Wer sich eine halbe Stunde täglich bewegt und sich ausgewogen ernährt, senkt das Risiko für diese Krankheiten um bis zu 80 Prozent. Von solchen Erfolgen kann die molekularbiologische Forschung nur träumen. Vielleicht setzt die Medizin heute auf das falsche Pferd. Vielleicht sollte es gar nicht ihr oberstes Ziel sein, den Körper besser zu behandeln.

Wollen Sie nicht die beste mögliche Therapie, wenn Sie einen Schlaganfall haben?

Doch. Aber noch lieber wäre mir, dass es nicht so weit kommt. Mehr als fünf Milliarden Euro jährlich gehen allein in Deutschland in die medizinische Forschung. Würde das Geld umgeleitet in Kindergärten, Schulen und bessere Betreuung für besonders gefährdete Frauen und Männer …

… dann wären die Menschen gesünder. Trotzdem, wir brauchen beides. Es ist die vornehmste Aufgabe eines reichen Landes wie Deutschland, möglichst viel Geld in die Erforschung unseres Körpers zu stecken. Für uns Menschen ist das mindestens so wichtig wie die Vermessung des Weltraums. Aber wahr ist: Wir können nicht sieben Milliarden Menschen mit Hightech-Medizin behandeln. Darum wird die Medizin der Zukunft vor allem vorbeugen müssen. Sie wird nicht nur Krankheiten heilen, sondern kümmert sich um Gesundheit.

Was verstehen Sie unter Gesundheit?

Fühlen Sie sich gesund?

Von ein paar Wehwehchen abgesehen, ja.

Und Sie können leisten, was andere von Ihnen – und Sie von sich selbst erwarten? Dann sind Sie in meinen Augen ziemlich gesund.

Nach Ihrer Definition wäre jeder Angestellte krank, der nicht so schnell arbeitet, wie sein Chef und vielleicht auch er selbst es möchten. Würden Sie einem solchen Patienten Aufputschmittel verschreiben?

Nein, weil er dann wirklich krank würde. Was Gesundheit bedeutet, lässt sich eben schwer fassen. Und erst recht nicht messen. Denn wenn man nur genau genug hinsieht, wird man in jedem Körper ein paar tickende Zeitbomben finden. Jedenfalls darf man an den Gesundheitsbegriff keine Anforderungen stellen, die den Einzelnen überfordern.

Eben. Viele Zeitgenossen fühlen sich schon heute vom Gesundheitsterror verfolgt. Können Sie ihren Unwillen verstehen?

Früher habe ich blöde Bemerkungen gemacht, wenn vor unserem Krankenhaus geraucht wurde. Die Raucher haben sich dann an die Hintertür gestellt. Heute lasse ich das. Gesundheit kann man nicht erzwingen – Freiraum für Sünde muss bleiben. Wenn einer nicht so lang leben will, wie er könnte, ist das seine Sache. Aber dann soll dieses

Schicksal selbstgewählt sein. Ärzte sollen durch Beratung dazu beitragen, dass jeder weiß, was er tut.

Als ob nicht jeder Raucher das wüsste. Die Frage ist doch, zu welchem Preis wir Gesundheit überhaupt wollen.

Immerhin gilt sie den meisten Menschen als das oberste Gut. Was wünschen Sie Ihren Freunden denn zum neuen Jahr und zum Geburtstag? Sicher, als junger Mann habe ich auch geraucht – aus Freude am Verbotenen. Bedenklicher finde ich, dass Verführung in der Regel ganz bewusst eingesetzt wird: Während der Fußball-EM zum Beispiel belohnte eine Schokoladenfirma die eifrigsten Nascher mit einem Trikot der Nationalmannschaft.

Wer Sammelpunkte von 500 Kinderriegeln einschickte, bekam ein Trikot der Nationalmannschaft. Dafür musste man umgerechnet 18 Päckchen Butter und über fünf Kilo Zucker in sich hineinstopfen.

Wir werden in die Schulen und Kindergärten gehen müssen und erklären, was diese Verführung bedeutet. Nicht als Gesundheitsapostel, sondern indem wir den Kindern dabei helfen, dass sie Fähigkeit zur Kritik und Selbstkritik verinnerlichen – kleine Wissenschaftler werden.

Dabei kämpfen Sie allerdings schon wieder gegen unsere evolutionär geprägte Natur. Dass wir so gierig auf das süße Zeug sind, haben wir doch ebenfalls von unseren fernen Vorfahren geerbt.

Schnelle Energiezufuhr war für sie eine Chance zu überleben: Erst mit der evolutionären Medizin verstehen wir
nicht nur wie, sondern auch warum wir erkranken. Und
nur wenn die Menschen ihre Gesundheit in solch einem
größeren Zusammenhang sehen, werden sie ihre Gewohnheiten ändern. Sicher wird auch das kein Allheilmittel sein.
Die meisten Menschen werden immer zu früh sterben.

Schon Einjährige betreiben Statistik

Kreativ, wach, neugierig: Für die Entwicklunspsychologin
Alison Gopnik sind Kinder Genies und Vorbilder

Ihren Weg vom Kind zum Erwachsenen sehen die meisten Menschen als Fortschritt, für Alison Gopnik ist es auch die Geschichte eines Verlusts. Sie vergleicht Kinder mit Schmetterlingen, aus denen Raupen werden – wo unser Verstand einst das Fliegen beherrschte, krabbelt er heute auf dem Boden dahin.

Was ist mit uns geschehen? Seit drei Jahrzehnten spürt die amerikanische Entwicklungspsychologin Gopnik dem kindlichen Denken nach. Ratschläge für Eltern, Lehrer oder auch die Vorstände, die ihr auf dem Davoser Weltwirtschaftsforum zuhörten, sieht sie allerdings nur als Nebenprodukt ihrer Forschung. Denn Gopnik will weniger die Kindheit als das menschliche Leben als Ganzes verstehen: An der kalifornischen Universität Berkeley hat sie je eine Professur für Psychologie und Philosophie.

Wir treffen uns in ihrem alten Holzhaus, einen Steinwurf

vom Campus entfernt. Seit dem Auszug ihrer eigenen drei Söhne sei es ungewohnt still hier, sagt Gopnik. Für den Nachmittag ist der Besuch des vier Monate alten ersten Enkelsohns angekündigt.

Frau Gopnik, möchten Sie wieder ein Kind sein?

Ich hatte eine sehr erfüllte Kindheit. Und eine Woche lang würde ich gerne die Welt noch einmal durch die Augen einer Dreijährigen sehen. Das würde meine Arbeit erleichtern. Aber auf Dauer? Ich glaube nicht, dass ich diese intensiven Gefühle aushalten könnte. Stellen Sie sich vor, Sie erleben zum ersten Mal Paris, sind dabei von einer unglücklichen Liebesaffäre gequält, haben außerdem gerade eine Schachtel Gauloises weggeraucht und drei Espressi getrunken – so ist es, ein Baby zu sein. Wir können das aus Hirnuntersuchungen schließen. Mir kommt dieser Zustand ziemlich anstrengend vor.

Wieso nennen Sie eine Dreijährige Baby?

Ein Baby ist für mich jeder mit Pausbäckchen und einer drolligen Aussprache – also alle unter fünf. Im Englischen gibt es für diese Lebensphase kein eigenes Wort.

Auf Deutsch sagen wir Kleinkind.

Da ist Ihre Sprache im Vorteil. Andererseits trifft »Baby« unsere Empfindungen für diese kleinen Wesen sehr gut – unsere besondere Zuneigung, unsere Sorge um sie. Darum nennen wir ja auch Erwachsene, die wir besonders zärtlich lieben, Baby.

Mein zweijähriger Sohn und meine vierjährige Tochter wären darüber empört! Als Baby bezeichnen sie abfällig jedes Kind, das auch nur ein halbes Jahr jünger ist als sie selbst.

Sicher. Viele der beliebtesten Kindergeschichten handeln von der Sehnsucht, ohne Erwachsene allein durch die Welt zu gehen.

Wie Pippi Langstrumpf oder Mogli im Dschungel.

Sie wollen unabhängig sein, ihrer Kindheit entfliehen. Erst als Erwachsene leisten wir uns den Luxus, diese Zeit zu verklären.

Dabei können wir nicht einmal mehr in unserer Vorstellung dorthin gelangen, schreiben Sie: Kinder und Erwachsene seien so verschieden, als gäbe es zwei Erscheinungsformen der Art Mensch. Wie kommen Sie darauf?

Viele halten Kinder für fehlerhafte Erwachsene. So sehen es Lehrer, Hirnforscher, Philosophen. Selbst Jean Piaget, der große Pionier der Entwicklungspsychologie, der als Erster den kindlichen Verstand ernst nahm, beschrieb vor allem ihre Defekte – nicht das, was Kinder uns voraushaben. Weit wahrscheinlicher ist es allerdings, dass die Natur in jeder Lebensphase bestimmte Schwächen als Preis für besondere Stärken in Kauf nimmt. Daher die Unterschiede. Raupen sind auch keine Schmetterlinge mit Mängeln.

Unsere Kinder ähneln uns immerhin.

Äußerlich. Aber warum macht Entwicklungspsychologie so viel Spaß? Weil es keine Marsmenschen gibt. Das Nächstbeste, wenn Sie eine fremdartige Intelligenz untersuchen wollen, sind diese Wesen mit kleinen Körpern und großen Köpfen. Bei einem Zweijährigen ist buchstäblich alles anders, als man es vermutet. Und diese Aliens kontrollieren uns – oft ohne dass wir es merken.

Überraschenderweise behaupten Sie, dass Kinder bewusster seien als Erwachsene. Was genau meinen Sie damit?

Nach Ansicht der Philosophen gibt es verschiedene Arten von Bewusstsein – eine Aufmerksamkeit für den eigenen inneren Zustand und eine für die Außenwelt. Das erste ist das, was Descartes mit seinem »Ich denke, also bin ich« im Sinn hatte. Wer sich allerdings ganz seinen Gedanken und Gefühlen hingibt, blendet die Umgebung vollständig aus. Wenn ich in meine Arbeit vertieft war, machten sich meine Kinder einen Spaß daraus, Dinge zu rufen wie: »Mama, da ist ein Puma im Garten!« Dann freuten sie sich, von mir das Übliche »Geht in Ordnung, Schatz«, zu hören. Ich hatte gar nicht wahrgenommen, was sie erzählten.

Die sprichwörtliche Geistesabwesenheit des Professors.

Dennoch halten wir dies für die höchste Form von Bewusstsein. Oder aber man ist im Gegenteil völlig von seiner Umwelt gebannt und verzichtet dafür auf das innere Geschwätz und die Beschäftigung mit sich selbst. Das tun Babys. Ist das nun mehr oder weniger Bewusstsein? Ich glaube, es handelt sich zumindest um einen Zustand größerer Wachheit.

Im Zoo entdeckt meine vierjährige Tochter jedes noch so perfekt getarnte Reptil. Ihre achtjährige, etwas verträumte Schwester dagegen sieht nur ein leeres Terrarium. Vielleicht liegt es nicht am unterschiedlichen Charakter der beiden Mädchen, sondern an ihrem Alter.

Dass die Kleinen mehr erkennen, zeigen nicht nur Experimente – auch ein Kaufhausdetektiv erzählte es mir. Er überwacht sein Geschäft von einem Balkon, wo kein Erwachsener ihn wahrnimmt. Doch die Kinder unter fünf winken ihm zu. Hier haben Sie ein Beispiel dafür, wie viel Kinder uns lehren können. Leider denkt der typische Philosoph noch immer allein im Lehnstuhl über seinen Geist nach. Dabei entgeht ihm der Reichtum an Bewusstseinszuständen in anderen Wesen.

Nur wollen die meisten Menschen vor allem etwas über sich selbst erfahren. Wenn aber Kinder ganz anders als Erwachsene wahrnehmen, denken und fühlen, können sie dann wirklich dazu beitragen, die Rätsel unseres Geistes zu lösen?

Biologen erkennen zunehmend, dass man einen Organismus nur verstehen kann, wenn man die Phasen seiner Entwicklung kennt. Ich glaube, für unseren Geist gilt dasselbe. Wie viel Kenntnis der Welt ist uns angeboren? Was mussten wir erst lernen? Woher kommt unser moralisches Empfinden? Solche Fragen lassen sich nur beantworten, wenn wir unsere Kindheit verstehen.

Die Frage, ob es so etwas gibt wie angeborenes Wissen, ist uralt. Schon die Philosophen der griechischen Antike dachten darüber nach.

Inzwischen ist klar, dass Babys wahre Meister darin sind, Zusammenhänge zu erschließen. Schon Einjährige treiben so etwas wie eine unbewusste Statistik: Sie können häufige von seltenen Ereignissen unterscheiden und daraus Regeln ableiten. Und Dreijährige haben eine Vorstellung von Ursache und Wirkung. Die gewinnen sie, indem sie mit allem, was sie in die Finger bekommen, herumspielen.

Demnach wäre uns zwar kein Wissen angeboren – wohl aber Regeln, wie wir unsere Erfahrungen ordnen. Was immer uns begegnet, versuchen wir in ein unbewusstes Schema von Wahrscheinlichkeiten, Ursache und Wirkung zu pressen. Was nicht in diesen Rahmen passt, bleibt uns verborgen: Immanuel Kant hat im 17. Jahrhundert genau das vermutet.

Ja, aber die Kategorien sind nicht starr. Ein neun Monate altes Baby versteht Wahrscheinlichkeiten anders als eines mit 18 Monaten oder als ein Erwachsener. Im Grunde erforschen Kinder die Welt, wie Wissenschaftler es tun: Ihre Theorien verändern sich ständig.

Sehr tröstlich zu wissen, dass wir einem Forschungsprojekt beiwohnen, wenn die Kinder wieder einmal das Haus verwüsten. Aber konnten Sie als Mutter dreier Jungen aus solch philosophischer Warte die Ruhe bewahren?

Ich bin sowieso geistesabwesend und desorganisiert. Das machte es leicht, mit kleinen Kindern zu leben, während ich gleichzeitig meine wissenschaftliche Karriere voranzubringen versuchte. Ich fand das Chaos um mich herum ganz natürlich. Deutschen mag das schwerer fallen.

Nun ja.

Ein Vorurteil, ich weiß. Aber tatsächlich ist das Spiel der Kinder höchst rational. Wir wissen heute, dass ein wenig Unordnung oft zu besseren Lernergebnissen führt als planvolles Vorgehen. Wildes Herumprobieren bewährt sich umso besser, je weniger man über ein Problem weiß. Kinder und Wissenschaftler werden dadurch schneller klug als mit durchdachten Experimenten. Darum ähnelt der Verstand in den ersten Jahren einer Laterne – er beleuchtet alles, was ihm begegnet. Sein einziges Ziel ist es, möglichst viel über die Welt herauszufinden. Später dagegen, wenn wir Ergebnisse bringen müssen, ist die Aufmerksamkeit wie ein Scheinwerfer gebündelt.

Mich erinnert die kindliche Denkweise an Leonardo da Vinci, der sich von Malerei über Wasserbau bis hin zur Konstruktion von Flugmaschinen stets mit einem Dutzend vertrackter Probleme gleichzeitig befasste – allerdings die wenigsten seiner Erkenntnisse praktisch umsetzen konnte. Steckt in jedem Kind ein Leonardo?

Unbedingt. Wir hören heute andauernd, wie wichtig es sei, Kinder Konzentration zu lehren. Allerdings geht Impulskontrolle auf Kosten der Kreativität. Wir wissen das aus Untersuchungen an Jazzmusikern. Beim Improvisieren funktionieren deren Gehirne ganz anders als beim Spielen vom Blatt: Die Zentren, die die Aufmerksamkeit fokussieren, sind heruntergeregelt. Menschen konnten nur deswegen so viel entdecken, weil ihr Verstand in der Kindheit diese lange unkontrollierte Phase durchläuft.

Wann verlieren wir den weiten Blick auf die Welt?

Das beginnt mit etwa fünf Jahren. Nicht zufällig ist das fast überall die Zeit der Einschulung.

Im Klassenzimmer werden die Kinder auf zielgerichtetes Denken trainiert. Über Leonardo sagt man oft, er sei ein Genie gewesen, obwohl er kaum vier Jahre lang die Schule besuchte und nicht einmal das Bruchrechnen lernte. Aber möglicherweise war genau das sein Glück – er konnte sich sein kindliches Denken erhalten!

Ich habe ein paarmal in Forschungszentren vor hochrangigen Physikern geredet. Ich erklärte ihnen, dass Wissenschaftler große Kinder sind.

Wie fanden die Physiker das?

Sie stimmten zu. Aber natürlich kann nicht jeder ein Peter Pan sein. Wir brauchen auch Menschen, die zielorientiert denken.

Allerdings gibt unsere Kultur den Ergebnissen Vorrang. Mir scheint, dass mehr wildes kindliches Denken wohltuend und sogar nützlich sein könnte. Nicht, um die Zielstrebigkeit zu ersetzen, sondern um sie zu ergänzen.

Nur müssen sich die meisten Erwachsenen sehr anstrengen, das Laternenbewusstsein zu erreichen. Bestimmte Formen der Mediation können es uns fördern; Reisen, auf denen wir ziellos Entdeckungen machen; auch Sabbatjahre. Kinder dagegen befinden sich ganz natürlich in diesem Zustand.

Wenn wir ihnen den nicht austreiben.

Darum hege ich gegenüber der sogenannten Frühför-
derung auch gemischte Gefühle. Sie kann viel Gutes bei
Kindern bewirken, die zu Hause wenig Anregung bekommen. Doch der gegenwärtige Druck auf die Kindergärten,
Unterricht anzubieten, ist gefährlich.

Meist geht er von Eltern aus, die ihren Nachwuchs schon vor
dem ersten Schultag lesen oder akzentfrei Mandarin sprechen
hören wollen.

Eine New Yorker Mutter hat kürzlich eine Vorschule ver-
klagt. Sie fand, dass ihre Dreijährige dort zu viel spielte und
nicht genug auf das College vorbereitet wurde! Und dann
wundern wir Professoren uns über Studenten, die hart arbeiten – aber leider nur über das nachdenken, was in der
Prüfung abgefragt wird. Nun, genau diese jungen Leute
haben wir uns ausgesucht. Besser würden wir Jugendliche
begünstigen, die uns erklären, dass sie in einer wichtigen
Prüfung leider durchgefallen sind, weil sie in der Nacht zuvor bis zum Morgengrauen über den Sinn des Lebens dis-
kutiert haben. Denn das ist die Haltung, die Philosophie
und Wissenschaft hervorgebracht hat.

Ironischerweise bewirken viele ehrgeizige Eltern genau das Ge-
genteil von dem, was sie wollen: kluge Kinder.

So ist es. Kinder haben ein erstaunliches Sensorium dafür,
ob Erwachsene eine Sache nur tun, um sie zu belehren. In
einer Serie von Experimenten probierte meine Kollegin
Laura Schulz vor den Augen einer Gruppe von Vierjäh-

rigen an einem ziemlich komplizierten elektronischen Spielzeug herum. Allein gelassen, fanden die Kinder bald selbst alles heraus, was dieses Ding konnte. Anderen Jungen und Mädchen gleichen Alters zeigte Schulz gezielt ein paar Funktionen des Spielzeugs. Doch als sie ging, wiederholten diese Kinder nur das wenige, was sie ihnen vorgeführt hatte.

Was die Kinder im Spiel lernen, lässt sich weder vorhersehen noch kontrollieren. Offenbar mangelt es den ehrgeizigen Eltern an Vertrauen in die Lernfähigkeit ihrer Kleinen.

Das Problem liegt noch tiefer: Früher war es selbstverständlich, den Umgang mit Kindern an seinen Geschwistern, Cousins und Nichten zu üben. Doch die Großfamilie ist dahin. So sind wir die vermutlich erste Generation von Eltern, die erstmals intensiver mit Kindern zu tun haben, wenn sie selbst welche in die Welt setzen. Das erzeugt eine gewaltige Verunsicherung. Hingegen ist uns das zielstrebige Handeln aus der Ausbildung und aus dem Beruf sehr vertraut. Dieses Modell versuchen wir nun, auf das Familienleben zu übertragen.

Und scheitern …

… weil Erziehung eben keine zielorientierte Tätigkeit ist.

Wirklich? Ich will schon, dass meine Kinder den Weg in ein erfülltes Erwachsenenleben finden – auch wenn ich nicht genau weiß, was das für sie heißt.

Eben. Trotzdem quälen sich gerade Mittelschichteltern mit Fragen wie: Tu' ich das Richtige? Was kommt dabei heraus? Was wird er mit 30 seinem Psychotherapeuten erzählen? Dabei kommt es oft gar nicht so sehr darauf an, was wir unseren Kindern beibringen. Entscheidend ist vielmehr, ihnen einen geschützten Raum zu geben, in dem sie selbst ihre Erkundungen machen können. Der andere Weg ist also, zu erleben, was es bedeutet, ein Kind zu sein – und zu verstehen, was das Kind jetzt braucht ...

... was uns die Entwicklungspsychologie leider auch nicht verrät. Denn Sie und Ihre Kollegen beschreiben die Fiktion eines durchschnittlichen Kindes von drei oder fünf Jahren – wo doch in Wirklichkeit jedes seine eigene Persönlichkeit hat.

Wir verstehen noch nicht, woher die Unterschiede kommen. Ich vermute, dass sich bestimmte Neigungen der Kinder mit der Zeit von selbst immer weiter verstärken. Am Anfang können winzige, beispielsweise genetische Abweichungen stehen – ein Kind macht lieber weiträumigere, ein anderes etwas feinere Bewegungen. Die Kinder wählen sich dann selbst eine Umgebung, die diesem Naturell entspricht.

So wird der eine im Fußball, der andere im Zeichnen immer besser.

Und die Reaktionen der Eltern und Erzieher verstärken diese Vorlieben weiter. Auch viele Unterschiede zwischen Jungen und Mädchen lassen sich so erklären.

Ich gestehe, dass ich Frauen ausgesprochen anziehend finde, wenn sie an Schlagbohrmaschinen und Schweißgeräten hantieren. Aber trotz aller Bemühungen haben mir meine Töchter nie die Freude gemacht, sich für Technik zu interessieren. Mein Sohn hingegen geriet schon mit einem Jahr in Erregung, sobald er mich nur zu einem Schraubenzieher greifen sah.

Gerade für Eltern, die Geschlechterrollen durchbrechen wollen, ist es oft zum Verzweifeln. Dass Testosteron Männer zu Elektrowerkzeugen hinziehen könnte, ist natürlich absurd. Sehr wohl aber kann dieses Hormon in Jungen einen Hang zu ausladenden Bewegungen bewirken. Papa ist dann für sie einfach interessanter, wenn er werkelt, als wenn er am Schreibtisch sitzt. Und indem der Kleine das imitiert und selbst immer geschickter mit Werkzeugen umgeht, verstärkt sich der anfänglich kleine Unterschied zu seinen Schwestern.

Demnach wäre es grundsätzlich unmöglich, den Einfluss der Gene von dem der Umwelt zu trennen.

Weil Menschen ihre Umwelt ständig verändern, können wir nie wissen, welchen Effekt bestimmte Anlagen haben. Ein anderes gutes Beispiel ist die Aufmerksamkeits-Hyperaktivitätsstörung ADHS …

… das sogenannte Zappelphilippsyndrom. Hundertausende Kinder in Deutschland bekommen dagegen täglich Ritalin.

ADHS hat genetische Ursachen. Doch für unsere fernen Vorfahren spielten sie überhaupt keine Rolle. Wenn überhaupt, dann waren hyperaktive Menschen bessere Jäger.

Aber setzen Sie Kinder mit diesen Anlagen in eine Schule, haben sie ein Problem. Und schon spricht man von einer genetisch bedingten Krankheit. Dabei gibt es die Umgebung Klassenzimmer, in der ADHS erst auftritt, gerade einmal seit 100 Jahren.

Ritalin gibt uns die Möglichkeit, diese Kinder der Schule anzupassen.

Vor allem ihren Eltern. Denn die kommen eindeutig mit hyperaktiven Kindern unter Ritalin besser zurecht. Hingegen fehlt bisher der Nachweis, dass sich dieses Medikament positiver auf den Schulerfolg auswirkt als beispielsweise eine Verhaltenstherapie.

Andererseits kann ich Eltern verstehen, die sich die Pille verschreiben lassen, weil sie fürchten, dass ein völlig unkonzentriertes Kind in der Schule für immer den Anschluss verliert.

Nur schlucken hier in den USA schon Dreijährige Ritalin – das ist Wahnsinn. Doch gewiss gibt es Fälle, in denen man zu jedem Mittel greifen muss.

Zumal die Eltern auch keine unendliche Kapazität haben, ihr Kind zu unterstützen. Schon unter normalen Umständen brauchen Kinder oft mehr, als wir ihnen geben können. Das ist für mich die schmerzliche Seite daran, Vater zu sein.

Elternschaft stellt uns im Alltag vor einige der tiefsten moralischen Dilemmata, die es überhaupt gibt. Auch dies macht unser Verhältnis zu Kindern philosophisch so interessant. In keiner anderen menschlichen Beziehung sorgen wir auch nur annähernd so viel um den anderen. Ich liebe meinen Mann und versuche, ihm eine gute Ehefrau zu sein. Also koche ich für ihn und höre ihm zu. Aber wenn ich so mit einem Baby umgehen würde, wäre es Kindesmissbrauch! Dabei bemerken die Kinder unsere Opfer nicht einmal. Wenn sie die ständige Fürsorge als etwas Besonderes wahrnehmen, ist das sogar ein Alarmsignal.

Daher dieses Gefühl, dass wir als Mütter und Väter nie gut genug sind, dass wir unserem Kind immer noch etwas mehr schulden. Verlangt Elternschaft Unmögliches von uns?

Jemanden, der so viel für Fremde tut, wie wir alle für unsere Kinder, würde man einen Heiligen nennen …

… aufgrund seiner Selbstlosigkeit, nicht weil er Wunder vollbringt.

Sicher, ich bin eine jüdische Atheistin. Allerdings glaube ich, das Leben mit einem Dreijährigen ist tatsächlich ein schneller Weg, ein gewisses Maß an Heiligkeit zu erreichen.

Ich spüre davon an mir nicht viel.

Das tun selbst große Heilige selten. Was die Schuldgefühle angeht: Für gute Amerikaner gehört es sich nicht, welche zu haben. Ich allerdings fürchte, dass sie eine völlig angemessene Reaktion auf unsere enorme Verantwortung als Eltern sind.

Feministinnen werden von solchen Gedanken wenig angetan sein. Jahrzehntelang haben die Frauen zu lernen versucht, sich nicht immer nur in den Dienst anderer zu stellen – und jetzt kommen Sie mit angemessenen Schuldgefühlen und Heiligkeit!

Feminismus hat zwei Seiten: Neben dem Kampf gegen die Unterdrückung ging es immer auch darum, die weiblichen Erfahrungen ernst zu nehmen. Frauen haben ja nicht die letzten 10 000 Jahre lang Däumchen gedreht, sie haben die ganze Erdbevölkerung großgezogen. Die Einsichten, die sie dabei gewannen, sind genauso wertvoll wie die Überlieferung der meist alleinstehenden männlichen Philosophen und Theologen. Genau darum habe ich meinen Ausflug in Entwicklungspsychologie gemacht: Ich wollte helfen, der Philosophie eine Sichtweise zu öffnen, für die sie zu lange blind war. Es entsprach mir – als Älteste von sechs Geschwistern habe ich in meinem ganzen Leben nur drei Jahre verbracht, ohne mich um kleine Kinder zu kümmern.

Welche Frage trieb Sie so um, dass Sie eine Antwort in der Philosophie suchten?

Woher unsere Weltkenntnis kommt. Gemessen daran, wie wenig Informationen wir über die Sinne bekommen, wissen wir unglaublich viel. Das ist für mich noch immer das Rätsel aller Rätsel. Schon Platon wunderte sich darüber. Ich las ihn zum ersten Mal mit zehn Jahren.

Haben Sie ihn verstanden?

Meine Eltern hätten nie gesagt, dass wir Kinder einen Philosophen nicht verstehen können. Sie gaben uns jedes Buch, weil sie vernünftigerweise dachten, dass wir die uns zugänglichen Teile schon heraussuchen würden. Übrigens haben mir viele Philosophen erzählt, dass sie in diesem Alter oder etwas später mit Platon begannen.

Weil er so wundervoll und anschaulich schreibt.

Und zwischen dem achten und zehnten Lebensjahr beginnen Kinder typischerweise, theologische Fragen zu stellen. Etwa: »Wie ist alles entstanden?« Wie Untersuchungen zeigen, machen sie sich solche Gedanken sogar, wenn sie in einer atheistischen Umgebung aufwachsen.

Ja, selbst unsere Berliner Kinder fragen nach Gott. Allerdings erscheint mir ihr Beispiel nicht besonders theologisch.

Aber die Antworten, die Kinder spontan darauf geben, sind es. Etwa: »Jemand muss das Universum gemacht haben.« Sie folgen aus einer natürlichen Entwicklung. Schon dreijährige Babys fragen sich sehr grundsätzliche Dinge. Etwa wollen sie wissen, was im Kopf eines anderen Menschen vorgeht, und warum er tut, was er tut. So ist es normal, dass Kinder im Lauf der Zeit immer umfassendere Erklärungen suchen – bis sie irgendwann überlegen, ob vielleicht die ganze Welt einen Zweck haben könnte.

Ich weiß, dass ich mir solche Fragen gegen Ende meiner Grundschulzeit stellte. Aber mir fehlt jede Erinnerung, wie es dazu kam. Unsere eigene Kindheit kommt mir vor wie ein Traum nach dem Erwachen: Einige Szenen ziehen wir mühsam aus dem Gedächtnis hervor. Aber je weiter wir zurückgehen, umso mehr liegt im Dunkel. Als wäre der ganze Reichtum der frühen Jahre für immer verloren.

Wir wissen nicht einmal, warum es so ist. Wahrscheinlich haben Kinder unter vier Jahren kein Verständnis dafür, dass sie durch die Zeit wandern – dass ihr Ich der Vergangenheit und jenes der Gegenwart Teil derselben Geschichte sind. Darum können sie kaum bleibende Erinnerungen anlegen.

Hat es Sie nie traurig gestimmt zu erleben, wie schnell und restlos eine Kindheit vergeht?

Doch. In Japan gibt es den wunderbaren Begriff »aaware«. Er meint die ganz besondere Schönheit des Flüchtigen: die Kirschblüte etwa oder der erste Schnee. Wer sie genießen will, muss sich hingeben – und leidenschaftlich lieben, was er weder kontrollieren noch festhalten kann.

Eines Tages werden wir Träume verstehen

Sind Träume Vorahnungen, Wünsche – oder doch nur Hirnaktivität? Ein Gespräch mit dem Psychiater und Traumforscher Allan Hobson

Gespräche über Glaube und Religion stehen meistens am Ende einer längeren Begegnung, Allan Hobson kam gleich am Anfang auf diese Fragen. Nachdem wir ein paar Höflichkeiten ausgetauscht hatten, erklärte er mir unvermittelt seine Abneigung gegenüber Mysterien und dem Katholizismus. Umso erstaunlicher war die Wohnung, in der mich der Amerikaner Hobson empfing. Vom Esszimmer blickte man durch eine Flügeltür auf einen schweren Ebenholzschreib-

tisch, auf dem ein Madonnenbild stand und ein Rosenkranz lag. In diesen Räumen lebt er mit seiner zweiten Frau, einer gläubigen Ärztin, in ihrer sizilianischen Heimatstadt Messina. Er spricht von ihr mit großem Respekt.

Widersprüche und Provokationen scheute Hobson noch nie. Als Professor für Psychiatrie an der Harvard-Universität leistete er Pionierarbeit dabei, den Schlaf als Tätigkeit des Gehirns zu verstehen – und stellte die traditionelle Traum-

deutung auf den Kopf. Nebenbei organisierte er Traumaus-
stellungen in Kunstmuseen. Den Inhalt der eigenen Träume veröffentlichte er in allen Details und machte sie zum
Gegenstand von Kontroversen. Mit inzwischen 79 Jahren
hat er sich aus dem Labor zurückgezogen, schreibt aber
weiter vielbeachtete Veröffentlichungen.

Eine Hälfte des Jahres verbringt Hobson in Boston und
auf seiner Farm in Vermont, wo er in einem ehemaligen
Kuhstall eine Traumausstellung aufgebaut hat. Die übrige
Zeit lebt er in Sizilien. Vom Balkon seiner Wohnung über-
blickt man die Meerenge, in der Odysseus einst zwischen
den Ungeheuern Skylla und Charybdis durchnavigiert sein
soll.

*Herr Hobson, warum träume ich schon seit Jahren immer wie-
der denselben Traum? Ich bin mit alten Freunden oder meinen
Eltern im Hochgebirge. Mit Skiern und Steigfellen unter den
Füßen versuchen wir einen Gipfel zu erreichen, doch wir kommen nie an. Manchmal sehe ich mich auch bei der Abfahrt über
einen gefährlichen Gletscherhang.*

Welche Gefühle haben Sie dabei?

Die Gefühle wechseln – von Angst bis zu Euphorie.

Dann ist es kein klassischer Wiederholungstraum. Sie sehen
sich nur oft in derselben Szenerie. Wir träumen sehr oft
von Situationen, die emotional aufgeladen, etwas gefährlich, dabei sozial anregend sind. Und Bewegung spielt
im Traum eine sehr wichtige Rolle. Das alles enthält Ihr
Hochgebirgstraum.

Ich wüsste genug andere Themen, die Nervenkitzel bieten.
Warum ausgerechnet und immer wieder die Berge?

Zwar habe ich, anders als Sie, nie Alpinismus betrieben.
Dafür träume ich häufig von rasanten Pistenabfahrten.
Dabei stand ich 20 Jahre nicht mehr auf Skiern! Offenbar
möchte ein Teil meines Hirns immer noch Ski fahren.

Sie haben jahrelang die Psychologen gegen sich aufgebracht,
indem Sie Träume als die Folge zufälliger Hirnerregungen be-
zeichneten. Sie hätten gar keine Bedeutung.

Nun, ich habe gesagt, Träume haben keine versteckte Bedeutung. Ein Psychoanalytiker würde im Traum von der
Besteigung eines Berges vielleicht einen uneingestandenen
Wunsch nach Inzest mit Ihrer Mutter sehen. So ein Unsinn!
Im Übrigen habe ich in den letzten Jahren meine Meinung
geändert. Heute glaube ich, Träume sind wichtig. Sie handeln von den grundlegenden Dingen des Lebens – Gefühle, Bewegungen, Wahrnehmungen. Träumend trainiert das
Gehirn den Umgang damit: Es übt für den Tag. Aber das
ist vielen Menschen zu wenig. Sie wollen den Traum als
Glückskeks sehen …

… aus dem sie die Zukunft herauslesen können. Und sehnen
Sie sich etwa nicht nach einer tieferen Bedeutung? Sie selbst
haben doch Ihre Karriere als Psychoanalytiker begonnen.

Menschliches Verhalten und Psychiatrie faszinierten mich
immer schon. Da lag eine Ausbildung in Psychoanalyse
nahe. Und ich versuchte, daran zu glauben. Aber es widerte
mich zunehmend an, als ich sah, wie die Analytiker dach-

ten und wie sie Menschen behandelten. Lange dachte ich, der Fehler läge bei mir. Ich wollte ja ein Analytiker sein.

Was ärgerte Sie so?

Ich war Assistenzarzt in einem öffentlichen psychiatrischen Krankenhaus in der Innenstadt von Boston. Da kamen die Analytiker im Mercedes aus den reichen Vororten angefahren und erklärten etwa der Mutter eines schizophrenen jungen Mannes, dass sie an der Krankheit ihres Sohnes schuld sei. Das war nicht nur offensichtlich falsch, sondern zerstörerisch. Wenn ich bei den Kollegen nachfragte, erwiderten sie, warum die Frage? Ob ich vielleicht meinen Vater nicht ausstehen könne? Da sah ich rot und kündigte.

Was taten Sie dann?

Mein eigentliches Interesse war, das Bewusstsein zu studieren. Aber das wurde mir erst viel später klar. Jedenfalls ging ich in die Hirnforschung. Gleichzeitig arbeitete ich halbtags weiter als Psychiater, nur verließ ich mich statt auf die Analyse jetzt auf den gesunden Menschenverstand.

Wie gelang Ihnen dieser Spagat?

Indem ich gegenüber den Patienten praktizierte, was das Labor mich lehrte: zu beobachten und nicht vorschnell zu deuten. Dass meine Erfahrungen mit den Patienten und meine Experimente auch auf einer viel tieferen Ebene zusammenhingen, habe ich ein Jahrzehnt später begriffen: Allein das Gehirn bestimmt, was wir geistig erleben.

Das hat Sie überrascht? Dass Körper und Geist einander ent-
sprechen müssen, erscheint mir ganz selbstverständlich.

Überrascht hat mich, wie unmittelbar der Zusammenhang
ist. Sie sind wach, ein zentrales Neuron in Ihrem Kopf feu-
ert jetzt zweimal pro Sekunde: tack, tack. Der Botenstoff
Noradrenalin wird dadurch verteilt. Schalten Sie das Signal
ab, sofort geraten Ihr Körper und Ihr Bewusstsein in einen
ganz anderen Zustand – Sie schlafen. Finden Sie das etwa
keine aufregende Geschichte?

Doch. Sie hatten es also mit einem Schalter für den Schlaf zu
tun.

Ja, und mehr noch: Wir entdeckten Riesenneuronen im
Hirnstamm, die den REM-Schlaf auslösen …

… eine Schlafphase, in der Menschen besonders intensiv träu-
men.

Das war 1975. Niemand hielt es für möglich, dass man
aus diesen Zellen überhaupt Signale ableiten kann. Aber
es ging. Und dann stellte sich heraus, diese Riesenneuronen sind im REM-Schlaf ungewöhnlich aktiv. Sie hängen
wiederum mit anderen Mechanismen zusammen, die unsere Traumerlebnisse steuern: Die Sehrinde wird erregt,
Bilder ziehen vorüber. Die motorischen Systeme springen
an, wir meinen, Tango zu tanzen oder zu fliegen. Gleichzeitig wird der Körper gelähmt. Indem sich der vordere
Teil des Großhirns abschaltet, verlieren wir die Kontrolle
über die Aufmerksamkeit. Alles wird möglich. Und die
Pupillen unter den geschlossenen Lidern beginnen zu

wandern, als würden die Augen ein bewegtes Geschehen verfolgen.

Nun sind Traumbilder tatsächlich in ständiger Bewegung.

Ein interessanter Effekt! Es liegt daran, dass das Gehirn die Bewegung der Augen auf die Bilder überträgt.

Die Bilder sind häufig auch überklar. Manchmal sehe ich meine Gletscher in einem dermaßen scharfen Licht, wie es in den Alpen selbst an den föhnigsten Tagen nicht herrscht.

Weil für das Sehen wesentliche Teile des Gehirns im REM-Schlaf bis zu sechsmal erregbarer sind als am Tag. Darum können Sie auch nicht jetzt, im Wachen, auf Wunsch Traumbilder hervorrufen.

Die Eindrücke, die uns von außen über das Auge erreichen, sind stärker.

Ja, aber das ist nicht der Grund. Sie können die Augen ja schließen. Doch um zu träumen, brauchen Sie die entsprechende Erregbarkeit des Gehirns. Die bekommen Sie mit Drogen – oder wenn sie stark übernächtigt sind. Ich habe viele Nächte im Labor durchwacht, wo ich Daten über den Schlaf anderer Menschen aufnahm. Gegen sechs Uhr morgens bekam ich häufig Besuch. Der Gast kam herein, setzte sich und begann eine Unterhaltung. Nach einer Weile begriff ich: Es ist gar niemand da. Ich hatte halluziniert. Aber das zu wissen half mir auch nicht, weil der Typ im nächsten Moment schon wieder hinter mir stand!

Unglaublich. Haben Sie so etwas öfter erlebt?

Ja. Zum Beispiel, als ich einmal nach einem langen Nachtflug auf meine Farm kam. Statt mich hinzulegen, ging ich hinaus, um ein wenig zu arbeiten. Und schon erschien der Kerl wieder.

Wie erklären Sie sich das?

Der REM-Schlaf bricht in den Wachzustand ein. Und dann beginnen sich die Traumbilder mit den äußeren Wahrnehmungen zu vermischen.

Nun ist REM-Schlaf ein messbarer Hirnzustand, ein Traum ist dagegen eine ganz private Erfahrung. Weshalb sind Sie sich eigentlich so sicher, dass der REM-Schlaf und nicht etwa eine Botschaft der Götter Träume erzeugt?

Weil die Hirnvorgänge eben sehr viele Besonderheiten der Träume erklären. Außerdem haben wir eine Studie gemacht, auf die ich besonders stolz bin: Wir ließen zwölf Menschen zwölf aufeinanderfolgende Nächte schlafen und untersuchten dabei ihre Hirnströme, die Aufschluss über die verschiedenen Schlafphasen geben. Ein Computer weckte sie immer wieder auf, dann fragten wir, was sie gerade geträumt hatten. Der Zusammenhang zwischen den Berichten und den Hirnströmen war unglaublich! In aller Regel konnten wir schon aus den Erzählungen der Träumer erkennen, aus welcher Schlafphase sie stammten.

Und dann verlegten Sie Ihre Experimente gleich in die Öffentlichkeit. In einem Bostoner Kunstmuseum richteten Sie ein glä-

sernes Schlafzimmer ein. Darin ließen Sie nackte Frauen und
Männer unter einem hautengen silbernen Betttuch und mit ver-
kabelten Köpfen tagsüber schlafen, während bis zu 500 Aus-
stellungsbesucher durch die Scheibe die Bewegungen der Schläfer
beobachteten und auf einem Monitor deren Hirnströme sahen.
Unterstützte die Harvard-Universität Ihr unkonventionelles
Labor?

Ach was. Als ich zu dieser Zeit meine Festanstellung als
Professor bekam, knurrte ein wichtiger Kollege: »Wir haben Ihnen den Job trotz Dreamstage gegeben.« Man war
wohl neidisch, denn die Ausstellung war ein phänomenaler
Erfolg. Sie tourte zwei Jahre lang durch Amerika, ging dann
nach Frankreich. Zehntausende haben in unser gläsernes
Schlafzimmer geschaut.

Seit dieser Zeit führen Sie ein Traumtagebuch. Sie haben mehr
als 3000 eigene Träume gesammelt. Warum?

Wollen Sie das Buch sehen? Hier ist der aktuelle Band 165.
Das Bild hier auf dem Einband hat ein Kollege gemalt.

Der leere Platz im Mondlicht und die einsame Frau, die es
zeigt, erinnern mich an die unheimlichen Szenen des surrealis-
tischen Malers de Chirico.

Ein Angsttraum. Der ganze Wirbel um Dreamstage hat
mein Leben komplizierter gemacht. Meine Ehe ging aus-
einander, ich hatte Affären. Das Tagebuch half mir, die
verschiedenen Handlungsstränge gleichsam wieder zusam-
menzufügen. Ich halte darin auch fest, was ich tagsüber erlebe, klebe Fotos, Zeichnungen, Notizen von wissenschaft-

lichen Konferenzen hinein. Die Träume schrieb ich auf, um herauszufinden, wie Träume wirklich sind. Ich dachte mir, am besten kann ich das an mir selbst untersuchen. Die traditionelle Wissenschaft hat die subjektiven Erfahrungen viel zu wenig beachtet.

Sie hingegen empfanden sogar den schweren Schlaganfall, den Sie vor zehn Jahren erlitten, als ein Experiment. Sie veröffentlichten einen langen Fachartikel darüber. Wie haben Sie dieses Unglück erlebt?

Es war schrecklich. Ein Blutgerinnsel oder eine Arterienablagerung hatte Teile des Kleinhirns und des Hirnstamms zerstört. Danach lag ich teilweise gelähmt im Bett, hatte Schwindelanfälle. Mein Körper schien um alle Achsen zu rotieren. 10 Tage lang war ich praktisch schlaflos und halluzinierte seltsam verformte Körperteile. 38 Tage lang habe ich nicht geträumt. Das Einzige, was mich halbwegs aufrechterhielt, war, dass es in Monte Carlo geschehen war und das Radio die ganze Nacht lang Chansons spielte, die ich liebe.

Ihre Erfahrungen zeigen, dass Träumen nicht lebenswichtig ist.

Und dass wir ohne den bei mir beschädigten Hirnstamm nicht träumen. Noch interessanter ist, was geschah, als mein Hirn sich zu regenerieren begann. In der Nacht, nachdem ich zum ersten Mal wieder ein paar Schritte tun konnte, habe ich auch wieder geträumt.

Vielleicht hängen die Systeme für Bewegung und Träumen im Gehirn eng miteinander zusammen.

Ja. Ich habe daraus eine Theorie entwickelt: Es gibt so etwas wie einen Kern unseres Bewusstseins. Es verarbeitet Sinneseindrücke und das Gefühl für Bewegung. Nachts begegnen wir diesem Proto-Bewusstsein. Denn im Traum erfindet sich das Gehirn eine virtuelle Welt, in der es das Proto-Bewusstsein trainiert. Wir üben darin, Sinneseindrücke und Körperbewegungen aneinanderzukoppeln.

Sie behaupten also, unser Bewusstsein ähnelt einer Zwiebel: Bewegung und Sinneswahrnehmung sind der Kern. Um den legen sich Gefühle, Gedächtnis, Gedanken in Schichten außen herum. Und im Traum kehren wir in den Kern der Zwiebel zurück.

Ein schönes Bild.

Was haben Sie denn in der Nacht geträumt, als Sie wieder träumen konnten?

Dass meine Frau einen anderen hatte. Ich suchte sie überall und fand sie nirgends. Sie brauchen nicht Sigmund Freud, um das zu deuten: Ich fürchtete, dass die Frau, die ich liebte und von der ich nun so abhängig war, mich aufgeben könnte.

Möglicherweise spielt das Gehirn im Traum ja nicht nur Bewegungen und Sinneseindrücke durch, sondern auch zwischenmenschliche Situationen.

Sie mögen recht haben, vielleicht habe ich die soziale Seite des Träumens zu wenig beachtet. Aber es ist spät geworden. Lassen Sie uns schlafen gehen.

Am nächsten Morgen:

Herr Klein, ich habe von Ihnen geträumt.

Erzählen Sie!

Im Schlaf sprach ich mit Ihnen. Ich war mir nicht ganz sicher, ob mich gestern deutlich genug ausgedrückt hatte. Darum wollte ich Ihnen meine Gedanken ganz klarmachen. Ich redete tatsächlich, meine Frau hat es gehört. Bemerkenswert war, dass ich im Traum ebenfalls meiner eigenen Stimme zuhörte.

Sie waren in einem Zustand zwischen Träumen und Wachen.

Genau. Anders als beim normalen Reden im Schlaf waren meine Worte ganz klar.

Merkwürdig, auch ich erlebte heute Nacht solch einen Zwischenzustand. Ich war in den USA, wollte einen Flug nehmen und fürchtete, ihn zu versäumen, weil das Taxi nicht kam.

Zu spät am Flughafen – ein sehr häufiger Traum.

Aber warten Sie! Ich rief also die Taxizentrale an und beschwerte mich. Der Disponent antwortete auf Deutsch. Interessanterweise wusste ich, dass hier etwas nicht stimmt: Ich war doch in Amerika. Offenbar ist es nicht wahr, dass im Traum alles kritische Bewusstsein verschwindet.

Ging Ihnen in diesem Moment auf, dass Sie träumen?

In diesem Traum nicht. Manchmal wird mir anhand solcher Widersprüche tatsächlich klar, in welchem Zustand ich bin. Erleben Sie solche Klarträume häufig?

Früher. Es war wunderbar. Denn ich wusste nicht nur, dass ich träume, ich konnte auch über die Handlung bestimmen: Rennen, fliegen, die tollsten Bewegungen machen – alles überhaupt kein Problem. Ich war Superman!

Warum sagen Sie »war«?

Weil ich jetzt im Alter leider keine Klarträume mehr habe. Wissen Sie, wann sie mir am häufigsten kamen? Wenn ich mich nach einem Nachtdienst im Krankenhaus vormittags hinlegte. Der Krach der Straße kam herein, die Sirenen der Feuerwehrautos heulten, mein Schlaf war sehr leicht. Und plötzlich spürte ich, dass ich träume.

Als ob nur eine Hälfte von Ihnen träumte. Und die andere, schon wach, sah zu. So verstehe ich auch die Erfahrungen, die Sie und ich beide heute Nacht hatten: Teils träumten wir, teils waren wir bei klarem Bewusstsein.

Ich meine, genau so ist es. Klarträume sind deswegen so interessant, weil in ihnen zwei völlig verschiedene Bewusstseinszustände koexistieren. Viel spricht dafür, dass dabei auch das Gehirn gleichsam in zwei voneinander getrennte Hälften zerfällt: Als könne sich der vordere Teil des Hirns abkoppeln von dem, was der Hinterkopf tut.

Eine Bewusstseinsspaltung.

Ja. Nachdem es so leicht dazu kommen kann, ist es doch erstaunlich, dass wir uns normalerweise als eine einzige Person erleben.

Vielleicht bilden wir uns auch nur ein, einer und nicht viele zu sein.

Mir scheint, ich besitze mindestens sechs Ichs. Schon wenn ich französisch spreche, bin ich doch ein anderer. Und das Träumen zeigt eben noch mehr Facetten. Träumend erforschen wir unser Bewusstsein. Die meisten Menschen glauben immer noch, dass Träume nur ein Nachhall der Wacherlebnisse sind. In Wirklichkeit aber bereiten sie uns auf den nächsten Tag vor.

Dass ich nach den Nächten im Krankenhaus viele Klarträume hatte, lag übrigens nicht nur an meinem leichten Schlaf, sondern auch an der Uhrzeit. Wie spät ist es jetzt?

Halb zehn. Warum fragen Sie?

Weil wir uns gerade dem Zeitpunkt nähern, zu dem Sie am leichtesten in den REM-Zustand geraten. Der ist nicht in der tiefen Nacht, sondern um elf Uhr vormittags.

Eigenartig: Eigentlich bin ich hellwach. Aber wenn ich jetzt schlafen würde, wären meine Träume besonders intensiv. Als würden Traum und Wachen nicht gegeneinander, sondern miteinander laufen.

So ist es. Und es könnte gut sein, dass Sie jetzt in einen Klartraum geraten …

… weil sich das kritische Wachbewusstsein in den Traum ein-schaltet. Ich frage mich, ob es auch umgekehrt geht: Können Träume in den Wachzustand hineinschwappen?

Sicher. Fragen Sie meinen unheimlichen Besucher im Schlaflabor!

Sie waren übernächtigt. Aber vielleicht träumt das Gehirn auch, wenn wir keinen Schlafmangel haben. Träume begleiten uns durch den ganzen Tag. Ich vermute, sie arbeiten im Untergrund weiter, auch wenn wir gewöhnlich nicht auf sie achten.

So ist es: Das REM-System ist nie ganz abgeschaltet, nur unterdrückt. Es kann sich in den Wachzustand einkoppeln.

Und was geschieht dann? Viele Schriftsteller setzen sich nach dem Aufstehen sofort an den Schreibtisch. Ich vermute, sie tun es, um das Träumen in den Tag herüberzuretten. Die amerika-nische Autorin Roxana Robinson hat es schön ausgedrückt: Sie gerate dann in einen Geisteszustand »noch tief im Traumland, wo ich zuhören kann«.

Nun, sie versucht die unbewussten Unterströmungen des Traumprozesses zu erreichen, die am Vormittag noch ziemlich stark sind. Tests haben gezeigt, dass der REM-Schlaf weiträumige Assoziationen fördert – er erleichtert es, Verbindungen zwischen Gedanken zu knüpfen, die auf den ersten Blick gar nichts miteinander zu tun haben. Und Träume erzählen von möglichen Welten. Für Schriftsteller und Künstler ist das natürlich besonders interessant. Sie haben seit jeher Einfälle aus Träumen geerntet. Wir sollten genauer erforschen, wie sie es tun.

Warum sind wir da nicht weiter?

Weil die meisten Forscher einäugig sind. Sie nehmen nur entweder die Daten der Hirnforschung oder subjektive Erfahrungen ernst. Heute aber können wir die Vorgänge im Gehirn zusammenbringen mit dem, was wir erleben. Nur so werden wir eines Tages nicht nur die Form, sondern auch den Inhalt der Träume verstehen.

Aber würden wir das wirklich wollen?

Warum nicht?

Weil Träume dann wohl aufhören würden, ein Geheimnis des Träumers zu sein. Einer Gruppe von Neurowissenschaftlern in Kyoto soll es kürzlich gelungen sein, in den Gehirnen Schlafender zu lesen. Messungen der Hirnaktivität verrieten den Inhalt der Träume. Würden Sie sich so in den Kopf schauen lassen?

Ja. Erst Freud hat doch die Menschen dazu gebracht, sich ihrer Träume zu schämen. Wir haben dazu keinen Grund. Ich habe aus meinen Träumen, auch wenn sie von Sex und Gewalt handelten, nie ein Geheimnis gemacht.

Hat die Gewohnheit, Ihre Träume zu notieren, Ihr Leben verändert?

Weniger, als Sie vielleicht denken. Aber schließlich wollte ich keine Traumdeutung treiben, sondern das Bewusstsein verstehen. Persönlich habe ich aus Träumen selten etwas gelernt, was ich vorher nicht schon wusste. Manchmal haben sie mir gezeigt, wie sehr mich Angelegenheiten noch immer beschäftigten, die ich längst für erledigt hielt: alte Rivalitäten zum Beispiel. Neulich begegnete mir im Traum ein Kollege, mit dem ich vor mehr als 20 Jahren einen wissenschaftlichen Streit hatte. Ich habe mich daraufhin endlich mit ihm versöhnt.

Die Gene des Guten

Ist der Mensch von Natur ein Altruist, oder handelt er stets eigennützig? Belohnt die Evolution wirklich die Egoisten? Ein Streitgespräch mit dem Zoologen Richard Dawkins

Sind wir als Egoisten geboren? Im Jahr 1976 veröffentlichte Richard Dawkins, ein damals völlig unbekannter Biologe aus Oxford, ein aufsehenerregendes Buch. Es hieß »Das egoistische Gen« und wurde schnell zur Pflichtlektüre für alle, die sich für die tieferen Ursachen unseres Verhaltens interessierten. Dawkins beschrieb darin eine Welt, in der die Gene uns programmieren, zutiefst eigennützige Wesen zu sein. Aber schon bei meiner ersten Lektüre regten sich Zweifel: Könnte es nicht sein, dass Menschen in Wirklichkeit weniger egoistisch sind, als sie scheinen? Möglicherweise siegt auf  lange Sicht gerade nicht das egoistische Gen, sondern die Selbstlosigkeit. Die Gedanken inspirierten mich; schließlich schrieb ich über sie sogar ein eigenes Buch.

Seit seinem spektakulären Erstling hat sich Dawkins in vielen Werken höchst eloquent starkgemacht für eine darwinistische Weltsicht, er wurde Professor für Wissenschaftsvermittlung an der Universität Oxford. Zuletzt trat er als heftiger Kritiker aller Religionen hervor. »Darwins Rottweiler« nennt man ihn. Doch der Mann, der mich auf der Terrasse seines sehr britischen Hauses empfing, stellte sich als ein hinreißender Gesprächspartner heraus – und höchst besorgt um das Wohl seiner Mitmenschen.

Herr Dawkins, Sie haben auf einer Kreuzfahrt mit geladenen Gästen in der Karibik ein interessantes T-Shirt getragen. Auf Ihrer Brust stand: »Atheisten für Jesus«. Ließ die tropische Sonne Sie Ihre Liebe zum Christentum entdecken?

Ich wollte klarmachen, dass Jesus ein guter Mann war. Und zu seiner Zeit musste er religiös sein, weil jeder es war. Hätte er aber gewusst, was wir heute wissen, so vermute ich, wäre er wahrscheinlich Atheist, aber ebenso menschenfreundlich gewesen.

Anstelle der Regel »Auge um Auge, Zahn um Zahn« setzte er das Gebot, seine Feinde zu lieben und ihnen wenn nötig auch noch die andere Wange hinzuhalten. Sie haben einmal geschrieben, diese Lehre sei antievolutionär.

Stimmt. Antidarwinistisch, um genau zu sein. Denn Darwinismus erklärt nur ein beschränktes Maß an Nettigkeit. Aber einige Menschen, vielleicht sogar viele, scheinen supernett zu sein. Vielleicht war Jesus einer von diesen. Wir sollten darüber nachdenken, woher diese Supernettigkeit kommt – und versuchen, sie zu verbreiten.

Sie haben allerdings auch geschrieben, dass aus darwinistischer Sicht schlicht blöd ist, wer sich supernett verhält.

Ja. Aber es gibt viele ähnlich gelagerte Beispiele: Verhütung und Adoption sind ebenfalls antidarwinistisch. Freundlich und großzügig zu sein, für wohltätige Zwecke zu spenden – alle diese Dinge sind sehr undarwinistisch …

… weil Sie in Ihren Augen nicht dazu beitragen, die eigenen Gene weiterzugeben?

Ja.

Evolution ist ein grausames Geschäft.

Sehr grausam. Darwin selbst hat das bemerkt. Viele andere haben es auch gesehen.

Und wir haben Grund anzunehmen, dass Darwins Gesetze unser Dasein bis heute bestimmen.

Ja. Das macht es umso erstaunlicher, wie manche Menschen offenbar supernett sein können.

In Ihrem Buch »Das egoistische Gen« bezeichneten Sie uns Menschen als »Roboter, blind programmiert zur Erhaltung der selbstsüchtigen Moleküle, die Gene genannt werden«. Die egoistischen Gene seien Frankensteine und alles Leben ihr Monster. Denn normalerweise würden die egoistischen Gene auch egoistisches Verhalten bewirken. Das alles würden Sie heute wieder so formulieren?

Ja.

Einer Ihrer ausländischen Verleger soll drei Nächte lang nicht geschlafen haben, als er zum ersten Mal mit Ihren Büchern in Berührung kam, so kalt und düster erschien ihm die Botschaft. Wie fühlten Sie sich eigentlich beim Schreiben?

Gewiss nicht düster. Eher erregt, der Wahrheit auf der Spur zu sein. Aber ich dachte nie, dass die Natur uns Moral lehren kann.

Aber kann die Sicht der Evolution, die Sie in »Das egoistische Gen« vertreten, wirklich das Maß an Selbstlosigkeit erklären, das Menschen zeigen? Ich bezweifle es. Schon der junge Charles Darwin wunderte sich auf seiner Weltumseglung mit der HMS Beagle über die nackten Ureinwohner Feuerlands. Diese »Wilden«, wie er sie nannte, waren nie mit Menschen einer anderen Kultur zusammengekommen. Trotzdem rühmte Darwin ihren Anstand und ihren Gerechtigkeitssinn. Darwin sprach von einem »sozialen Instinkt«, den er sich freilich nicht erklären konnte.

Mir scheint, eine darwinistische Erklärung wäre zu sagen, dass die natürliche Selektion einen raffinierten Rechner in unseren Kopf eingebaut hat. Dieser zählt psychologisches Geld, wenn Sie so wollen. Tauschgeschäfte mit anderen Gruppen sind aus darwinistischer Sicht vorteilhaft. Und daher haben wir einen Sinn für Verpflichtung, Schuld und Dankbarkeit – all diese Regungen entstanden aus der Notwendigkeit, ständig aufzurechnen, ob ich Ihnen genug zurückgegeben habe, um zu bezahlen, was Sie mir gaben. So war man gezwungen, andere Menschen zu beobachten und auf seinen eigenen Ruf zu achten.

Ihr amerikanischer Kollege Robert Wright meint sogar Mitleid mit Geschäftssinn begründen zu können. Er schrieb: »Tiefes Mitgefühl ist lediglich hochdifferenzierte Anlageberatung.« Sie selbst haben diesen Gedanken ausgeführt: Je verzweifelter die Lage des Empfängers, desto höher der Betrag auf dem Schuldschein. Ich kann dieser Argumentation beim besten Willen nicht folgen. Kein Mensch kalkuliert seinen Vorteil, wenn er das Leben eines anderen rettet.

Es ist ja der Verstand, der diese Rechnung ausführen muss. Sie können sich eine Pflanze ansehen und sagen, da gibt es eine sehr komplizierte Berechnung, wie viele Ressourcen in die Wurzeln, wie viel in die Blätter und wie viel in die Blüten gesteckt werden. Ein Biologe würde sagen, das ist optimiert. Genau die richtige Menge an Nährstoffen geht in die Blüten, um die Fortpflanzung zu sichern, und die richtige Menge in die Blätter, um Sonnenenergie zu empfangen. Aber niemand sagt …

… dass Pflanze darüber nachgedacht hat. Einverstanden. Und natürlich handeln wir ständig nach dem Prinzip, dass eine Hand die andere wäscht. Aber vieles lässt sich damit überhaupt nicht begründen. Denken Sie an Soldaten, die sich selbst auf eine explodierende Granate werfen, damit ihre umstehenden Kameraden überleben. Solche Vorkommnisse wurden aus allen Kriegen berichtet.

Oft machen Menschen schlicht einen Fehler, wenn sie sich selbstlos verhalten. Wenn Soldaten in der Schlacht mutig sind, machen sie sich beliebt. Damit verbessern sie ihre Fortpflanzungschancen durchaus. Hier in England gab es während des Ersten Weltkriegs eine Zeit, da gaben die

Mädchen Männern, die nicht in Uniform waren, eine weiße Feder. Das bedeutete: Feigling. Solchen sozialen Druck
gab es wahrscheinlich schon in frühen menschlichen Gesellschaften, und ich könnte mir vorstellen, dass er Männer
risikofreudig machte. Manchmal zu risikofreudig. Selbst
wenn es eine vernünftige Strategie für einen Mann war,
nicht in den Krieg zu ziehen, zeigten andere Überlegungen
wie der Wunsch, bei Frauen anzukommen, ebenfalls ihre
Wirkung – aus darwinistischen Gründen.

*In Deutschland zogen die Soldaten in Hochstimmung in den
Ersten Weltkrieg.*

In England genauso. »Gott sei gedankt, dass er uns diese
Stunde gab«, dichtete damals der Poet Robert Brook. Viele
Menschen verehrten seine Werke.

*Eben. Offenbar waren sie begeistert davon, für ihr Land, ihre
Gemeinschaft zu kämpfen. Ich bezweifle, ob sich dieser Auf-
opferungswille allein mit der Sorge der Männer um ihren guten
Ruf erklären lässt.*

Da mögen Sie recht haben.

*Zumal sich selbstverständlich beide Geschlechter selbstlos verhal-
ten – auch dann, wenn ihre Nächstenliebe gar nicht gut ange-
sehen ist. Denken Sie an all die Menschen, die einer Diktatur
Widerstand leisteten und damit Gefängnis oder sogar den Tod
riskierten.*

Wir haben noch viel zu tun, um menschliche Supernettigkeit zu erklären, darin stimme ich Ihnen zu. Aber das

Rätsel ist nicht sehr viel mysteriöser als andere spezifisch menschliche Errungenschaften wie Musik, Philosophie oder Mathematik. Bei ihnen allen ist schwer zu sehen, wie sie sich entwickelt haben, um die Überlebenschancen zu steigern.

Mir scheint, dass wir in den letzten 30 Jahren eine Menge über die Natur des Altruismus gelernt haben. Und ich finde es ermutigend, dass wir beginnen zu sehen, auf welch wundervolle Weisen im Lauf der Evolution die egoistischen Gene Impulse hervorbrachten, die uns für andere sorgen lassen.

Ja. Wir müssen unseren Darwinismus raffiniert und feinsinnig betreiben. Hier ist ein ganz rohes und einfaches Beispiel, das ich schätze: Viele Leute fragen sich, warum Insekten ins Licht fliegen. Eine Hypothese ist, dass es in der Natur keine nahen Lichtquellen gibt, sondern nur Himmelskörper wie die Sonne oder den Mond. Weil das Insekt sich darauf verlassen konnte, dass die Lichtquelle in der optischen Unendlichkeit steht, hält es einen festen Winkel zu den Lichtstrahlen ein. Es fliegt also geradeaus, wenn das Licht von der Sonne kommt. Aber im Fall einer Kerze fliegt es in einer Spirale in die Flamme hinein. Der Witz der Geschichte: Es ist unsinnig, nach dem Überlebenswert dieses Hanges zur Selbstverbrennung zu fragen. Denn es gibt gar keinen Hang zur Selbstverbrennung. Die Motten machen einfach einen Fehler, weil sie heute in einer künstlichen Umgebung leben.

Wollen Sie das, was Sie die antidarwinistische Dummheit ›supernett zu sein‹ nennen, ähnlich erklären?

Warum Menschen nett zu ihren Verwandten sind, ist aus darwinistischer Sicht leicht zu verstehen. Aber die natürliche Selektion fördert nie, dass Sie sich dessen bewusst sind, was Sie tun. Sie begünstigt Faustregeln. Wenn also etwa ein Vogel die Babys in seinem Nest füttert, ist die Faustregel, dass er, sobald er ein rotes quakendes Ding sieht, Futter hineinstopft. Kuckucks zeigen, dass Fehler geschehen. Die Faustregel bleibt dennoch erhalten. Bei Menschen sagt die Faustregel, dass man nett sein soll. Als unsere Vorfahren in kleinen Dörfern lebten, trafen sie Verwandte und normalerweise nur Verwandte.

Und waren nett zu Verwandten.

Heute leben wir in großen Städten. Wenn wir zufällig jemanden treffen, dann wird die Faustregel, die uns empfiehlt, zu jedem nett zu sein, aus darwinistischer Sicht ein Fehler.

Wer sagt, dass die frühen Menschen nur im Kreis ihrer Familienangehörigen lebten? In Stammesgesellschaften, die bis in unsere Zeit überlebt haben, finden die Ethnologen größere Verbände. Trotzdem stehen die Jäger und Sammler füreinander ein. Übrigens wurden vor wenigen Monaten neue Forschungsergebnisse über Schimpansen veröffentlicht: Die Affen ziehen Waisenkinder auf, die nicht mit ihnen verwandt sind. Interessanterweise tun sie es vor allem dann, wenn beispielsweise herumstreunende Leoparden ihre Horde bedrohen.

Nun, es gibt eine anerkannte darwinistische Erklärung dafür.

Sie meinen Mutualismus. Jeder Einzelne hat ein Interesse dar-
an, dass seine Gemeinschaft nicht zu schwach wird. Sonst wäre
am Ende auch sein eigenes Leben gefährdet.

Ja. Und wenn die Gruppe ziemlich klein ist und dazu be-
ständig, dann wirken Verwandtschaft und Mutualismus
glücklicherweise in dieselbe Richtung.

Ich bin davon überzeugt, dass man Selbstlosigkeit sehr gut dar-
winistisch erklären kann. Aber ich frage mich, ob es wirklich mit
Ihrem Ansatz geht, der so stark die Gene fokussiert. Sollten
wir nicht die Effekte der Gruppe und der Umgebung viel mehr
berücksichtigen?

Einverstanden, solange Sie die Gruppe als einen Teil der
Umgebung verstehen, in der sich die Genselektion abspielt.
Diejenigen Gene überleben am besten, die ausnutzen, dass
sie in der Gruppe existieren.

Eine bedenkenswerte Theorie stammt von der amerikanischen
Anthropologin Sarah Hrdy. Sie wunderte sich über den enormen
Aufwand, der nötig ist, um ein Menschenkind großzuziehen.
Ein auf sich gestelltes Elternpaar könne in der Natur gar nicht
ein ganzes Jahrzehnt lang ausreichend Nahrung heranschaffen,
die der Nachwuchs für einen sicheren Start ins Leben braucht.
Fortpflanzen könnten sich die Menschen daher nur, wenn eine
Gemeinschaft sie unterstütze. Natürlich dauert unsere Jugend so
lange, weil das menschliche Gehirn ungewöhnlich viel lernt und
deswegen extrem langsam heranreift. So mussten Hrdy zufolge
die Menschen erst die freundlichsten aller Affen werden, bevor
sie sich auch zu den klügsten entwickeln konnten.

Ich finde das wirklich überzeugend.

Aber wenn Hrdy recht hat, dann ist unser Hang zu Koope-
ration viel mehr als nur ein Nebenprodukt oder ein »Fehler«.
Die Natur hat uns buchstäblich dafür gebaut, mit anderen zu
teilen. In Ihrem »Das egoistische Gen« schrieben Sie: »Lasst
uns Altruismus lehren, weil wir egoistisch geboren sind.« Den-
ken Sie immer noch so?

Das ist einer der Sätze, die ich ändern würde. Vielleicht war
auch der Titel »Egoistisches Gen« unglücklich. Möglicherweise hätte das Buch besser »Das altruistische Individuum«
geheißen.

Die meisten Menschen scheinen darauf programmiert, Lustge-
fühle zu empfinden, wenn sie anderen helfen oder mit ihnen
teilen. Das zeigen neue Hirnforschungsexperimente. Wenn die
Versuchspersonen anderen freiwillig etwas abgeben, werden im
Kopf Schaltungen aktiv, die uns auch beim Genuss einer Tafel
Schokolade oder beim Sex in Hochstimmung bringen.

Wie ist das mit Phänomenen wie Wikipedia und Open
Source Software? Ich hätte nicht gedacht, dass Wikipedia
funktionieren würde. Aber offenbar ist es so. Da wenden
Menschen viel Zeit und Mühe auf. Ich wüsste gern mehr
darüber. Ich frage mich, ob psychologische Untersuchungen angestellt wurden. Sie tun es natürlich nicht für Geld.
Aber sind Sie sicher, dass nicht der Wunsch nach einem
guten Ruf sie antreibt?

Bin ich. Wenn man sie nach ihren Motivationen fragt, sagen die
Wikipedia-Autoren, dass es ihnen entweder um den Spaß am

Schreiben geht oder um die Freude daran, ihr Wissen mit anderen zu teilen. Und je stärker Autoren in Studien solchen Aussagen zustimmten, umso mehr taten sie auch für das Projekt.

Ich kann das verstehen. Ich war einmal süchtig danach, Computer zu programmieren. Dabei habe ich immer größten Wert darauf gelegt, dass andere Leute mit den Lösungen, die ich für mich selbst fand, auch etwas anfangen konnten. Wenn sie die Programme, die ich verschenkte, nicht übernahmen, wurde ich ganz traurig.

Die Frage ist, wie man Menschen in dieser Freude am Teilen bestärken kann.

Zuerst sollten wir uns davon ermutigt fühlen, dass mindestens manche Menschen supernett sind, wie auch immer man über das darwinistische Erbe denkt. Dies sollte uns antreiben, denn wir haben ein erreichbares Ziel. Und wie funktioniert es in der Erziehung? Wir sollten den Erwachsenen und den Kindern sagen, dass sie es sich selbst überlegen sollen: In was für einer Welt wollt ihr leben? Eine, in der die Menschen einander helfen, wenn sie in Not sind, oder lieber in einer Gesellschaft, wo jeder für sich allein steht? Wir sollten den Sinn für Empathie stärken, indem wir fragen: »Wie würdest du dich fühlen, wenn es um dich ginge?« Kinder verstehen das sehr gut. Sie haben einen starken Gerechtigkeitssinn. Eines der Lieblingswörter jedes Kindes ist »unfair!«, wenn jemand mehr abbekommt als sie selbst. Sie nennen sogar die unbelebte Natur unfair. »Unfair! Es hat an meinem Geburtstag geregnet, aber nicht an ihrem!« Wir müssen das berücksichtigen.

Berücksichtigen, dass unser Gerechtigkeitssinn oft so irrational ist? Tatsächlich machen uns nicht einmal Verluste etwas aus, so lange es anderen genauso schlecht geht.

Und was wir gar nicht mögen, ist, wenn jemand davonkommt. In einem Land wie Großbritannien, wo die meisten Leute ihre Steuern zahlen, macht es mir nichts aus, Steuern zu zahlen. Aber würde ich in einem Land leben, wo fast jeder mit Steuerhinterziehung davonkommt, ohne zu zahlen, würde ich mich sehr ärgern, Steuern zu zahlen. Deswegen scheint es mir schwer, Supernettigkeit zu verbreiten. Man kann nur eine etwas beschränkte neidische Nettigkeit fördern, weil die meisten Menschen gerne nett sind, solange sie das Gefühl haben, dass nicht zu viele andere es ausnutzen.

Deswegen ist der Glaube an den guten Willen der Mitmenschen so wichtig, wenn sich Fairness und Selbstlosigkeit durchsetzen sollen. Schweizer Wissenschaftler beispielsweise testeten, ob ihre Studenten bereit wären, bei der Einschreibung anonym einen freiwilligen Beitrag zur Unterstützung ausländischer Kommilitonen zu zahlen. Eine Hälfte der Studenten erfuhr auf dem Fragebogen, dass die meisten ihrer Kollegen den Beitrag entrichteten, die andere Hälfte das Gegenteil. Die Spendenbereitschaft der ersten Gruppe war sehr viel höher.

Viele Studien zeigen das, und ich kann dem nachfühlen.

Vielleicht hat unser Gerechtigkeitssinn einen tiefen evolutionären Grund. In der Natur zählen nur relative Vorteile, nicht der absolute Status. Schon wenn ich besser dastehe als die anderen in meiner Umgebung, bin ich erfolgreich.

Stimmt. Es gibt einen ziemlich zynischen Aphorismus von Gore Vidal: Es genügt nicht, Erfolg zu haben, andere müssen scheitern.

Würden Sie den Religionen ein historisches Verdienst dabei einräumen, Altruismus zu verbreiten? Heute mag es auch mit einer weltlichen Moralphilosophie gehen. Ich zweifle aber, ob wir ohne Religion so weit gekommen wären.

Da mögen Sie recht haben. Mich beeindruckt, wie sich die Wertmaßstäbe in der Geschichte verändern – und sich sehr schnell, von Jahrzehnt zu Jahrzehnt verbessern. Denken Sie nur daran, wo wir vor 70 Jahren standen. Damals konnte man dieselben antisemitischen Einstellungen, die Hitler an die Macht brachten, genauso auf jeder beliebigen Cocktailparty-Konversation in England hören. Und davon, dass schwarze Menschen weniger zählen als Weiße, ging man aus.

Vielleicht beginnen die Menschen einzusehen, dass sie in einem Maße wie niemals zuvor voneinander abhängig sind. Es wird uns gar nichts anders übrigbleiben, als über alle Grenzen hinweg Hilfsbereitschaft und das Teilen zu lernen. In einer Welt, die rasant zusammenwächst, wird es immer riskanter, nur dem Prinzip Eigennutz zu folgen. Abgesehen davon, bringt es auch immer weniger Gewinn. Gerade in unserer heutigen Welt ist Altruismus eben keine Verirrung. Das Wohl anderer im Blick zu haben wird zunehmend ein Erfolgsrezept – und lebensnotwendig.

Darauf können wir uns einigen.

Das rätselhafte Ich

Ein Gespräch mit dem Philosophen Thomas Metzinger
über die Schwierigkeit, uns selbst zu erkennen,
und die Frage, ob es eine Seele gibt

Wie komme ich zu meinem ganz eigenen Blick auf die Welt? Und was bleibt von mir, wenn ich sterbe? Philosophen ringen seit Jahrtausenden um solch letzte Fragen, doch neuerdings leisten Hirnforscher ihnen Gesellschaft. Sie wollen sich einen neuen Zugang zu den alten Rätseln verschafft haben, indem sie die Welt unter der Schädeldecke vermessen.

Thomas Metzinger ist auf beiden Gebieten zu Hause. Als Philosoph sucht er die Phänomene des Ichs und des Bewusstseins zu ergründen. Doch ebenso handeln seine Arbeiten von zufälligen Signalen im oberen Hirnstamm, denen wir unsere Träume verdanken, von der Entstehung des Körperempfindens, von Spiegelneuronen, die für das Mitgefühl verantwortlich sind. Metzinger gilt als einer der Pioniere der Neurophilosophie, die das traditionelle Nachdenken über den Menschen mit den Erkenntnissen der Hirnforschung verbinden möchte. Als solcher zählt er zu den wenigen deutschen Philosophen, die man auch international wahrnimmt; er hält Vorträge in der Wissenschaftsakademie in New York genauso wie in der des Papstes im Vatikan.

Metzinger, der in einem Waldhaus im Hunsrück lebt, arbeitet an der Mainzer Universität. Er führte mich in eine Dönerbude auf dem Campus, aber die bereitstehenden Fleischberge rührte mein Gastgeber nicht an. Er sei Vegetarier seit dem 18. Lebensjahr, trinkt auch keinen Alkohol. Neben seiner Spezialität, der Philosophie des Geistes, beschäftigt er sich mit Ethik, interessiert sich aber ebenso für Klarträume und Meditation. »Ich bin eben auch ein praktischer Bewusstseinsforscher.«

Herr Metzinger, Sie haben etwas erlebt, worum ich Sie beneide: Sie haben von außerkörperlichen Erfahrungen berichtet.

Das war Anfang der achtziger Jahre. Ich lebte damals in einer einsamen Mühle südlich von Limburg und schrieb an meiner Doktorarbeit. Eines Nachts etwa, als ich im Bett lag, meinte ich aus meinem Körper herauszuschweben. Ich begann sofort zu experimentieren. Ich wanderte also ein wenig im Zimmer herum, ging zum offenen Fenster und ließ meine Hände über den Fensterrahmen gleiten. Dann sprang ich durch das Fenster, fiel aber nicht herunter, sondern begann, aufwärts zu schweben. Etwas später, zurück im Schlafzimmer, beschloss ich, zum Haus eines Freundes im 85 Kilometer entfernten Frankfurt zu fliegen und mich dort ein wenig umzusehen. Sofort wurde ich mit großer Geschwindigkeit vorwärtsgerissen, durch die Schlafzimmerwand hindurch, und verlor das Bewusstsein. Als ich wieder zu mir kam, hatte ich mich schon wieder in den physischen Körper eingeklinkt. Ich hatte solche Erlebnisse vielleicht sechs- oder siebenmal.

Und sie kamen Ihnen real vor?

So wirklich, wie Sie jetzt diesen Tisch vor sich sehen. Erst in zähen Diskussionen konnte eine Kollegin aus der Psychologie mich davon überzeugen, dass es keine echten Wahrnehmungen sein konnten. Leider sind mir seit vielen Jahren keine außerkörperlichen Erfahrungen mehr gelungen. Ich würde sehr viel dafür bezahlen, wieder welche zu haben.

Was bedeuteten Ihnen diese Erfahrungen?

Erstens waren sie manchmal einfach sehr schön: Oft erlebt man ein unwahrscheinliches Gefühl von Leichtigkeit und Befreiung. Zweitens ist es natürlich auch philosophisch und wissenschaftlich interessant. Denn man kann mit den verschiedenen Schichten des Ichgefühls experimentieren, und zwar bei völliger geistiger Klarheit. Stellen Sie sich vor, nicht nur fliegen zu können, sondern auch ein Double Ihres eigenen Körpers zu haben. Oft meint man auch noch den physischen Körper von außen zu sehen oder ihn im Dunkeln atmen zu hören. Vielleicht haben Sie schon einmal eine Schlaflähmung erlebt? Sie wachen aus einem Traum auf, sind bei vollem Bewusstsein, aber total bewegungsunfähig.

Es ist sehr erschreckend. Man fühlt sich tot.

Ja, ich finde das auch einen schrecklichen Zustand. Aber wenn Sie dann die Nerven bewahren, dann sind Sie ganz nah an einer außerkörperlichen Erfahrung dran. Mit etwas Glück können Sie dann willentlich aus ihrem Körper »austreten«. Mich interessiert: Was ist das Selbst, das all diese Erfahrungen hat?

Ihre Erzählung erinnert mich an die Geschichte der Auferstehung. Matthias Grünewald malte sie an seinem Isenheimer Altar als das Heraustreten eines schwebenden Lichtkörpers aus einer sterblichen Hülle.

Solche Vorstellungen finden wir in allen Kulturen. Die tibetischen Buddhisten sprechen von einem Diamantkörper, der Apostel Paulus vom »geistlichen Leib«, die hebräischen und arabischen Traditionen vom Ruach oder Ruh. Ich glaube, dass es solch einen »feinstofflichen« Körper tatsächlich gibt. Der »feine Stoff« besteht allerdings aus reiner Information: Es ist das innere Bild, das sich das Gehirn vom eigenen Organismus macht. Übrigens sind außerkörperliche Erfahrungen nicht sehr ungewöhnlich. Etwa jeder Zehnte hat in seinem Leben schon einmal welche gemacht. Und vielleicht rührt die Idee einer unsterblichen Seele zum großen Teil genau daher, dass Menschen zu allen Zeiten und in allen Kulturen sich solche Erlebnisse erklären mussten.

Ungewöhnlich ist allerdings, dass ein Philosoph sich mit solchen Erfahrungen befasst.

Leider. Persönliches Erleben kann enorm helfen, zu neuen Hypothesen über die Wirklichkeit zu gelangen. Wenn Sie sich dagegen nur auf abstraktes Wissen und die Alltagserfahrung verlassen, wird der Rahmen Ihrer Vorstellungswelt leicht zu eng.

Was brachte Sie auf die Idee, Philosoph zu werden?

Oberflächlichkeit war für mich nie eine Option, vielleicht, weil ich als Kind viel krank war. Schon als Heranwachsender dachte ich, dass man ganz am Anfang des Lebens erst einmal die Grundfragen klären muss. So schrieb ich mich zum Entsetzen meiner Eltern an der Frankfurter Uni in Philosophie ein.

Hat sich Ihre Hoffnung auf Klarheit erfüllt?

Die Universität enttäuschte mich zunächst sehr. Ich hatte tatsächlich geglaubt, dass Philosophieprofessoren sich irgendwie durch Ernsthaftigkeit und ethische Integrität auszeichnen müssten, dass sie irgendwie anders sein müssten als der Rest! Damals war ich auch in den eher radikalen Flügeln der Alternativbewegung aktiv. Es war die Zeit der Kämpfe um besetzte Häuser im Westend und der Startbahn West. Oft kam man morgens in die Uni, und es waren Scheiben eingeschlagen, manche Seminare brauchten Polizeischutz. Bei den politischen Philosophen fehlte mir allerdings oft der Wille zur Klarheit. Und radikal genug war es mir mit zwanzig Jahren sowieso nicht. Um ein Haar hätte ich die akademische Philosophie ganz aufgegeben.

Und dann sind Sie doch dabei geblieben.

Ja, denn ich fing Feuer für das Leib-Seele-Problem …

… das Rätsel, ob unser Innenleben nichts weiter ist als das Spiel von Molekülen im Gehirn, oder doch etwas ganz anderes.

Diese Frage ließ mich nie mehr los. Wie wirkt das Gehirn auf den Geist, wie der Geist auf das Gehirn? Ich bin das

Problem allerdings auf mehreren Ebenen gleichzeitig an-
gegangen – meine Magisterarbeit hieß »Rationalität und
Mystik«.

Sie waren im deutschen Sprachraum einer der Ersten, die das
Thema »Bewusstsein« neu aufgerollt haben. Das war mutig.
Vor zwanzig Jahren gehörte es sich nicht für einen ernsthaften
Wissenschaftler, darüber zu schreiben.

Damals hieß es, dieses Problem sei für die Forschung zu
weich, da experimentell nicht zu behandeln. Aber so etwas
ändert sich. Heute kann es sich kaum ein führendes Hirn-
forschungslabor mehr leisten, nichts über Bewusstsein zu
sagen. Vielleicht ist es gerade die Rolle der kritischen Philosophie, ihren Ruf zu riskieren. Sie soll Begriffe klären,
Tabus wegräumen und damit neue Felder der Forschung
zugänglich machen. Genauso ändern die Kollegen derzeit
ihre Haltung zum Ichgefühl und der Innenperspektive als
Gegenständen der harten Wissenschaft. Die EU hat gerade
ein millionenschweres Forschungsprogramm aufgelegt, in
dem wir versuchen werden, das Ichgefühl in einen virtuellen Doppelgänger und langfristig sogar in Roboter zu
überführen.

Wie das?

Ein erster Schritt ist uns schon im Jahr 2007 gelungen.
Eigentlich war das Experiment ganz einfach. Ein Helfer
streicht Ihnen über den Rücken, dabei werden Sie von
hinten gefilmt. Dieses Videobild fügt ein Computer in das
virtuelle Bild ein, das Sie durch eine 3-D-Brille sehen. Sie
sehen sich also von hinten und schauen zu, wie Ihr Rü-

cken gestreichelt wird. Nun empfinden Sie die Berührung plötzlich nicht mehr in Ihrem wirklichen Leib, sondern im virtuellen Doppelgänger vor Ihren Augen. Das Ichgefühl springt in das zweite Körperbild hinüber.

Insofern ähnelt das Erlebnis den Erfahrungen, die Sie als junger Mann gemacht haben. Allerdings sieht die Versuchsperson den Körper nicht wirklich von außen, sondern nur in der Video-projektion.

Eben. Es ist keine echte außerkörperliche Erfahrung. Man schaut ja nicht aus den Augen des Doubles hinaus. Was wir auch noch nicht richtig simulieren können, ist die Erfahrung des Austritts – die könnte bei einem Yogi, nach einer Hirnverletzung oder während einer Operation auch sehr unterschiedlich sein. Mich selbst beispielsweise überfallen beim Experiment immer leichte Muskelzuckungen, sobald ich in den Avatar hineinzuschlüpfen versuche. Trotzdem bin ich auch ein bisschen stolz, dass ich als Philosoph etwas zu so einem Versuch beitragen konnte.

Was versprechen Sie sich davon?

Mit solchen Experimenten können Hirnforscher die einzelnen Mechanismen untersuchen, durch die wir uns als ein einheitliches »Selbst« erleben.

Es geht also darum, was mir die Empfindung verschafft, »Ich« zu sein: dass ich glaube, heute dieselbe Person wie gestern zu sein; dass ich mich als Herr meiner Entscheidungen fühle; dass ich die Welt von meinem persönlichen Standpunkt aus wahrnehme.

Genau. Was aber ist die Basis, die allereinfachste Form des Ichgefühls? In der Regel nehmen wir als Ursprung dieser Perspektive einen Punkt zwischen den Augen an. Gleichzeitig verorten wir unser Selbst als Volumen im Raum – normalerweise in unserem Körper.

Darum deuten viele Menschen außerkörperliche Erfahrungen so, dass das Selbst und der Körper in Wirklichkeit zweierlei sind.

Unsere Versuche zeigen nun, dass sich das Phänomen des Selbstbewusstseins auch ganz natürlich erklären lässt. Zum Beispiel kann man das sehende Selbst vom fühlenden Selbst, von der Identifikation mit einem Körper trennen. Offenbar vermag das Gehirn beide Standpunkte unabhängig voneinander zu wählen: Sie können Ihr Selbstgefühl nach außen in das Double verlagern und trotzdem durch Ihre Augen auf die Welt gucken.

Nach Ihrer Vorstellung ist das bewusste Selbst nicht einfach da, es wird im Gehirn konstruiert.

Ja, das Selbst ist kein Ding, sondern ein Vorgang.

Eine lange philosophische Tradition sieht das anders. Schon Plato und Aristoteles vertraten die Auffassung, dass alles Fragen über unser Selbst irgendwann endet. Es gebe einen innersten Kern unserer Person, eine Seele, die man nicht weiter ergründen könne.

Vielleicht ist das ja auch so – aber wo genau liegt dann die Grenze zwischen diesem mysteriösen Kern und dem, was man noch verstehen kann? Heute wissen wir, dass wir auf

Begriffe wie »Seele« und »Selbst« in der Wissenschaft sehr gut verzichten können. Wir können unser Ichgefühl ohne sie erklären – etwa dadurch, dass das Gehirn ein Modell des eigenen Organismus erzeugt, das die Person als Ganze dann nicht als Modell erleben kann. Jedenfalls brauchen wir diese Konzepte nicht, um zu begreifen, wie überhaupt so etwas wie Selbstbewusstsein im Menschen entstand. Das lässt sich aus der Evolutionstheorie, der Entwicklungspsychologie und der Soziologie heraus viel besser verstehen. Und in der Philosophie geht es schon lange ohne eine unsterbliche Seelensubstanz.

Die Frage ist, können wir auch im wirklichen Leben darauf verzichten? Weder kann noch will ich jedes Mal erst über Selbstmodelle im Gehirn sinnieren, wenn mich eine Landschaft, ein Musikstück oder eine Begegnung tief angerührt hat. Viel treffender scheint es mir da, ganz einfach zu sagen, etwas hat mich – oder eben meine Seele – bewegt.

In der Lebenswelt, in Literatur und Kunst werden wir Begriffe wie »Seele« oder »Selbst« weiter gebrauchen. Das sind andere Ebenen. Und ganz falsch wäre es, wenn wir mit dem naturalistischen Menschenbild der Wissenschaft einfach über unser inneres Erleben hinwegreden würden. Denn auch wenn es mir derzeit nicht danach aussieht: Es könnte sich durchaus herausstellen, dass unsere naturwissenschaftliche Sprache versagen muss, sobald wir über uns selbst sprechen. Gibt es subjektive Tatsachen, Löcher im wissenschaftlichen Weltbild? Als Philosoph wäre ich sehr zufrieden mit diesem Ergebnis. Nur möchte ich dann bitte ganz genau wissen, was diese Tatsachen sind, die nur man selbst kennen kann und sonst keiner.

Ihr Hauptwerk trägt den englischen Titel »Being No One«. Sie mögen gute Argumente dafür haben, dass Ihr Selbst nur eine raffinierte Illusion Ihres Gehirns ist. Aber kommt Ihnen Ihre eigene Person wirklich irreal vor? Können Sie wirklich daran glauben, dass Sie niemand sind?

Es gibt mittlerweile viele Dinge, von denen wir wissen, dass sie sehr wahrscheinlich wahr sind, die man aber einfach nicht glauben kann – denken Sie nur an die moderne Physik. Mit dem Titel wollte ich gleichzeitig auf ganz verschiedene Aspekte anspielen, zum Beispiel auch auf die kulturelle und anthropologische Identitätskrise, die psychologische Verunsicherung, die wir in dieser besonderen Phase der Wissenschaftsgeschichte erleben. Eine der philosophischen Ideen in meinem Buch ist, dass es weder so etwas wie einen Kern unseres Selbst gibt noch so etwas wie eine scharfe Identität über die Zeit hinweg. Der Metzinger, den Sie heute erleben, ist nicht derselbe wie der vor drei Jahren, sondern ihm allenfalls ähnlich. In diesem Sinn sind wir niemand.

Immerhin sitzen Sie mir gegenüber. Mit wem also spreche ich jetzt?

Gute Frage. Mein Organismus ist natürlich real. Trotzdem können Sie nicht sagen, dass allein mein Körper oder gar nur ein Teil des Gehirns für unsere Unterhaltung verantwortlich ist. Denn ebenso spielt eine Rolle, was zwischen uns beiden passiert – etwa, dass wir einander als vernünftige Personen anerkennen. Hinzu kommen Einflüsse aus unserer Geschichte und aus der Gesellschaft. Wer da redet, ist also die Person als Ganzes. Was genau das heißt, will ich mit meiner Forschung herausfinden.

Aber dass Sie nun sich selbst als Thomas Metzinger empfinden ...

... ist nur die Folge einer Darstellung in meinem Gehirn, die ich aber nicht als solche erlebe. Und das ist in der Tat schwer zu glauben. Das elementare Ichgefühl ist ein Produkt der Evolution, es dient dem Überleben. Der Mechanismus ist gerade deswegen so erfolgreich, weil es uns so schwerfällt, ihn zu durchschauen. Und neuere Forschungen zeigen, dass es auch eine Evolution der Selbsttäuschung gibt. Es kann ausgesprochen nützlich sein, sich positive Illusionen zu machen. Alle Eltern erleben die eigenen Kinder als überdurchschnittlich hübsch und intelligent. Genau so realistisch wie eine außerkörperliche Erfahrung ...

Im Fall unserer Kinder stimmt es zufällig schon.

Klar, *Ihre* sind besonders süß! Offenbar hat uns ein Hang zum Wahn in der Evolution erfolgreicher gemacht. Selbsttäuschung lässt uns besser bluffen und vergangene Niederlagen vergessen, erhöht Motivation und Selbstvertrauen. Genauso scheint es vorteilhaft, unbeirrbar an die eigene Unsterblichkeit zu glauben – oder eben das Selbst als Ding, nicht als Vorgang anzusehen.

Und, was ist dagegen zu sagen?

Dass wir unter diesem Selbstmodell oft sehr leiden. Eigentlich ist es eine ziemlich perfide Erfindung von Mutter Natur. Denken Sie nur daran, wie verletzlich wir doch sind. Ständig versuchen wir, unser Selbstwertgefühl hochzuhalten, anderen die Anerkennung zu verweigern. Und es nutzt wenig, sich mit dem Verstand davon zu distanzieren: Sobald wir glauben, dass ein anderer Mensch uns missachtet, sind wir verletzt, verteidigen uns.

Neuropsychologische Experimente zeigen, dass das Gehirn zwischen seelischem und körperlichem Schmerz kaum einen Unterschied macht. Wenn wir uns abgelehnt fühlen, kommen ganz ähnliche Gefühlsmechanismen in Gang, als quälte uns beispielsweise eine blutende Wunde.

Ja, die Lust-Unlust-Bilanz im menschlichen Leben ist oft miserabel. Heute beginnen wir immerhin zu verstehen, warum. Aber auch dieses Wissen hat eben seinen Preis. Indem wir die innere Struktur unseres Ichgefühls zu erahnen beginnen, verlieren wir den naiven Glauben an die eigene Identität – und müssen erkennen, wie anfällig wir für Wahnsysteme aller Art sind. Manche Formen der Selbsttäuschung funktionieren nämlich nur in Gruppen richtig gut. So werden wir mit einer höchst unangenehmen Möglichkeit konfrontiert: Was uns eigentlich ausmacht, ist kein substantielles Selbst – sondern ein undurchschaubares und vergängliches Gewirr von Vorgängen, die sich weit über die Grenzen des Jetzt und des Individuums hinaus erstrecken.

Das Aufwachen aus der Illusion ist ein altes Motiv der Mystiker. Die buddhistische Tradition lehrt, das Selbst sei ein Trugbild. Wir hätten keine Seele, keinen innersten Wesenskern. Die Befreiung liege in der Einsicht, dass die eigene Person dem ständigen Wandel unterworfen ist; real sei nur der Augenblick. Christliche Mystiker argumentieren ähnlich: Erst wenn wir uns nicht mehr an das eigene Ego klammern, könnten wir uns einer umfassenderen Wirklichkeit nähern.

Die Mystiker haben sich oft der religiösen Begriffe ihrer Epoche bedient. Heute können wir vom Erbe ihrer spirituellen Praktiken lernen, uns aber von den Glaubenssystemen lösen. So könnte sich aus der härtesten wissenschaftlichen Perspektive eine Form von Selbsterkenntnis ergeben, die unsere eingebaute Wahnhaftigkeit wenigstens mildert. Vielleicht gelangen wir so zu einem neuen, tieferen Verständnis des menschlichen Leidens.

Das ist das Ziel der meisten Formen von Meditation.

Ja, und dadurch gelangen wir möglicherweise zu einer ganz anderen Art von Wissen über uns selbst.

Aber woher wollen Sie wissen, dass Sie in der Meditation nicht wieder einer Selbsttäuschung erliegen?

Genau das ist das Problem: Descartes lehrte, dass man alles anzweifeln kann, nur nicht die Tatsache des eigenen denkenden Geistes. Wenn ich irgendetwas sicher wisse, dann das, was ich gerade denke. Nun, er hat sich gründlich geirrt. Ist es wirklich mein *eigener* Geist? Heute wissen wir, dass wir jederzeit einer unbemerkten Täuschung über das eigene Bewusstsein erliegen können. Das hat die Neuropsychologie des 20. Jahrhunderts gezeigt.

Mystiker berichten von der Erfahrung absoluter Gewissheit. »Gott lässt sich im Inneren der Seele in einer Weise nieder, dass sie, wenn sie wieder zu sich kommt, durchaus nicht zweifeln kann, sie sei in Gott und Gott sei in ihr gewesen«, schrieb die spanische Karmelitin Teresa von Avila. So beeindruckend ich solche Schilderungen finde: Ich glaube nicht, dass für Außen-

stehende besonders viel daraus folgt. Ein Skeptiker kann sich immer auf den Standpunkt stellen, das Gewissheitserlebnis sei eben auch ein Erlebnis – und damit Illusion.

Natürlich. Wenn jemand einmal im Vollrausch rosa Mäuse gesehen hat, heißt das nicht, dass es auch rosa Mäuse gibt. Wenn jemand den lieben Gott oder das klare Urlicht der Leere gesehen hat, ist das kein Beweis dafür, dass sie existieren. Und aus einem Gewissheitserlebnis folgt mitnichten, dass den Betreffenden tatsächlich eine Erkenntnis beschert war. Deswegen brauchen wir ja die philosophische Erkenntnistheorie.

Eben darum wäre ich vorsichtig damit, zu behaupten, durch Introspektion könnten wir Wissen über uns selber gewinnen: Wir machen Erfahrungen, das ist etwas anderes.

Sehe ich genauso. Erleben ist nicht Wissen. Aber die radikale Skepsis ist ebenfalls keine Lösung. Natürlich kann uns nichts dazu zwingen, die Berichte über veränderte Bewusstseinszustände und spirituelle Erfahrungen aus allen Menschheitstraditionen ernst zu nehmen. Vielleicht waren es wirklich alles nur Halluzinationen, komplexe Selbsttäuschungen, die später als Begründung für Religion und Moral dienten. Doch sich mit diesem Urteil zufriedenzugeben, hat eine gewisse Qualität des absichtlichen Sich-Dumm-Stellens. Wir sollten unsere Selbstachtung nicht über Bord werfen. Die wirklich spannende Frage ist heute: Kann es eine ideologiefreie, völlig säkulare Form von Spiritualität geben?

Was meinen Sie mit Spiritualität, was mit ideologiefrei?

Eine radikal individuelle Praxis, ein Handeln mit dem eigenen Bewusstsein, bei dem es um Erkenntnis und nicht um schöne Gefühle geht, um Wahrhaftigkeit sich selbst gegenüber.

Die intellektuelle Redlichkeit des Wissenschaftlers ist übrigens eine Sonderform dieser spirituellen Einstellung, denn beide verbindet eine Ethik des inneren Handelns. Die Religionen bieten uns metaphysische Placebos an: den Glauben an die eigene Unsterblichkeit oder daran, dass man in seiner Existenz von einem personalen Gott gewollt sei. Nach heutigem Wissen spricht wenig dafür. Können wir also in der momentanen Übergangsphase aufgeschlossen bleiben für eine sprachlich nicht fassbare Wirklichkeit, für das, was wir einfach nicht wissen, ohne dabei in ein weiteres Wahnsystem zu verfallen? Vielleicht stellen unsere Nachfahren dann in 50 oder auch 200 Jahren fest, dass mystische Erfahrungen unter bestimmten Bedingungen eben doch eine Form von Wissen sind, aber eine ganz andere, als wir dachten.

Ich bezweifle allerdings, ob Menschen ein solches Ziel ganz ohne Glauben erreichen können. Regelmäßig zu meditieren beispielsweise verlangt viel Selbstdisziplin. Und die Erfahrungen sind keineswegs nur angenehm, sondern mitunter regelrecht verstörend. Man muss bequeme Gewissheiten und schließlich auch seine Vorstellungen vom eigenen Ich hinter sich lassen. Da brauchen Sie schon eine starke Motivation, um dabeizubleiben.

Und religiöse Selbsttäuschung steigert diese Motivation. Allerdings zeigt Meditation auch viele überprüfbare Wirkungen: Psychosomatische Krankheiten, Konzentrationsfähigkeit oder auch Lebenszufriedenheit bessern sich. Und es gibt seit Jahrhunderten einen klassischen Maßstab, den sogar die Außenwelt anlegen kann: Wahrnehmbare ethische Integrität, altruistisches Verhalten. Genau das soll ja auch die Heiligen auszeichnen. Wie würde man einen Heiligen, der aus echter Güte und liebevollem Mitgefühl altruistisch handelt, von einer Person unterscheiden, die durch ein komplexes Wahnsystem angetrieben wird?

Nur sind die wenigsten über Nacht heilig geworden – wenn überhaupt. Die Effekte, die Sie beschreiben, stellen sich oft erst nach Jahren ein. So lange muss der Übende daran glauben, dass die Mühe sich lohnt.

Eine säkulare Spiritualität müsste auch hier neue Perspektiven entwickeln. Statt blind den Dogmen irgendwelcher Lehrmeister zu folgen, können wir heute ausprobieren, was wirklich funktioniert. So ließen sich aus der Kombination von Wissenschaft, Philosophie und jahrhundertealtem Erfahrungswissen möglicherweise bessere Formen von Meditation entwickeln. Aber ich gebe Ihnen recht: Die ganz grundsätzliche Frage, ob wir in Zukunft ohne Glauben auszukommen vermögen, bleibt offen. Ich selbst bin da eher pessimistisch. Wir scheitern ja bereits an der Klimakatastrophe. Können Menschen einfach das Richtige tun, ohne auf eine persönliche Belohnung zu hoffen? Es zu lernen, wäre eine große Herausforderung.

Alle Menschen sind miteinander verwandt

Der Genetiker Svante Pääbo über Geschichten, die das Erbgut erzählt – und unsere Gemeinsamkeiten mit dem Neandertaler

Woher kommen wir? Wer nach seinen Wurzeln sucht, gräbt selten tief. In der Erinnerung von Verwandten und in Archiven verliert sich der Faden jeder Familiengeschichte nach ein paar Generationen. Und selbst die besten Quellen der Historiker reichen in Mitteleuropa gerade bis zur Epoche Christi zurück. Von den riesigen Zeiträumen davor erzählen nur alte Knochen – und Mythen. Svante Pääbo indes hat uns die Vergangenheit auf einem neuen Weg zugänglich gemacht: Er sucht Zeugnisse unserer Herkunft in uns selbst, in unseren Genen. So hat er gelernt, nicht nur im Erbgut heute lebender Menschen zu lesen – er rekonstruiert auch die Gene von Vorfahren, die vor Zehntausenden Jahren starben. Das Ausgangsmaterial gewinnt er aus Mumien, Fossilien und sogar eingetrockneten Exkrementen aus Höhlen. So hat Pääbo die Disziplin der Paläogenetik begründet.

Der Sohn einer estnischen Chemikerin und eines späteren Medizinnobelpreisträgers ist 1955 in Stockholm geboren. Heute ist er Direktor am Leipziger Max-Planck-Institut für evolutionäre Anthropologie. Wer sein Labor im dritten Stock nicht mit dem Aufzug erreichen will, durchsteigt eine mit Überhängen gespickte Kletterwand, die der begeisterte Sportkletterer Pääbo in der Eingangshalle anbringen ließ. Oben wird der Besucher vom Abguss eines Neandertalerskelettes begrüßt.

Herr Pääbo, Gott soll Adam aus Lehm geformt haben, die nordamerikanischen Hopi dagegen erzählen sich, die heilige Spinnenfrau habe die ersten Menschen aus ihrem Speichel gewebt. Warum regt die Frage, woher wir kommen, die Phantasie der Menschen dermaßen an?

Weil wir wissen wollen, wer wir eigentlich sind. Und wir hoffen, die Geschichte würde es uns verraten.

Wir Europäer sind Neandertaler, wenigstens zum Teil, haben Sie nun erklärt. Was genau haben Sie gefunden?

Dass die Neandertaler nicht vollständig ausgestorben sind, sondern, wenn Sie so wollen, in allen Menschen außerhalb Afrikas fortleben.

Bisher dachte man, sie seien restlos verschwunden, weil der geistig überlegene Homo sapiens Neandertaler als Freiwild betrachtete.

Ja. Wir haben aus Fossilien die Erbsubstanz von Neandertalern gewonnen und das Genom sequenziert …

... das heißt entschlüsselt.

Wenn Sie nun die Gensequenz der Neandertaler mit der von heutigen Menschen vergleichen, sehen Sie bei Europäern gewisse Übereinstimmungen – bei Afrikanern aber nicht.

Einige unserer Vorfahren haben sich mit Neandertalern gepaart.

Das ist jedenfalls die einfachste Erklärung. Asiaten, die Ureinwohner Amerikas und Ozeanier zeigen denselben Befund wie Europäer. Vermutlich vermischten sich Neandertaler und moderne Menschen im Nahen Osten – nachdem die ersten modernen Menschen aus Afrika ausgezogen waren, auf die dort ansässigen Neandertaler trafen und bevor sich ihre Nachkommen über alle anderen Kontinente verteilten.

Und woher waren die Neandertaler gekommen?

Ebenfalls aus Afrika. Ihre Vorfahren hatten sich jedoch schon vor vielleicht 400 000 Jahren auf den Weg nach Norden gemacht.

Normalerweise sind es männliche Eroberer, die sich eine ansässige Frau nehmen. Aber hier fühlten sich wohl eher die zugereisten Homo-sapiens-Frauen von gut gebauten Neandertalern angezogen, wenn ich Ihre Veröffentlichung richtig verstehe. In einem bestimmten Teil der DNS, den nur Frauen auf ihre Nachkommen übertragen, findet man kein Erbgut der Neandertaler.

Ja, aber das kann Zufall sein. Andere Befunde von den Geschlechtschromosomen sprechen dagegen: Sowohl Frauen als auch Männer hatten Sex mit Neandertalern – ob Frauen etwas mehr, können wir noch nicht sagen.

Jedenfalls lebten moderne Menschen, also Homo sapiens, und Neandertaler längere Zeit nebeneinander.

Sehr lange Zeit. Der moderne Mensch erschien vor gut 100 000 Jahren im Nahen Osten. Die Neandertaler verschwanden dort vor vielleicht 60 000 Jahren.

In Europa lebten sie sogar bis vor 30 000 Jahren. Zogen sie sich als Folge eines Klimawandels nach Norden zurück?

Wir wissen es nicht. Vielleicht gab es eine Konkurrenz um Ressourcen, die der Neandertaler irgendwann verlor.

Wir haben uns die Vorgeschichte als eine Art Prozession vorgestellt, in der immer bessere Ausführungen des Modells Mensch einander schön ordentlich ablösten. Doch neue Funde zeichnen ein ganz anderes Bild: Verschiedene Menschenformen bevölkerten gleichzeitig die Erde – als hätte die Evolution mit verschiedenen Typen unserer Art experimentiert. Gerade erst erfuhren wir von Zwergmenschen, deren Überreste in einer Höhle der indonesischen Insel Flores aufgetaucht sind. In Anlehnung an die Figuren aus dem »Herrn der Ringe« nennt man sie Hobbits.

Sie wurden gerade einmal so groß wie heute ein Kleinkind.

Und sie gingen erst vor 12 000 Jahren unter, als der moderne Mensch sich längst in diesem Erdteil ausgebreitet hatte. Voriges Jahr berichteten Sie dann von den Denisova-Menschen, einer unbekannten Art, die sich noch vor 40 000 Jahren in Sibirien herumtrieb. Wie sahen die aus?

Wir wissen nur, dass sie große Zähne hatten. Sehen Sie mal. *(Zieht aus einem Schrank eine durchsichtige Dose hervor, darin ein enormer Backenzahn.)* Russische Forscher haben den Zahn 2008 in einer sibirischen Höhle entdeckt. Mehr als dieser Zahn und ein Fragment eines kleinen Fingers war nicht zu finden. Doch mit Genanalysen konnten wir zeigen, dass es sich um eine bis dahin unbekannte Menschenform handelt – und dass diese Leute sich mit den Vorfahren heutiger Bewohner von Australien, Neuguinea und Ostasien paarten. In Zukunft werden wir aus solch minimalen Funden sicher noch viel mehr über die Bevölkerungsgeschichte erfahren.

Hobbits mischen sich unter moderne Menschen, Neandertalerinnen begehren Denisova-Männer – mich erinnert das eher an ein Szenario aus einem Science-Fiction-Roman!

Aber es war der Normalfall. Einzigartig sind vielmehr die letzten 20 000 Jahre, in denen wir als Menschen allein auf der Welt waren. Ich frage mich, was wäre gewesen, wenn die anderen noch ein bisschen länger durchgehalten hätten? Hätten wir dann heute einen Rassismus, schlimmer als alles, was wir kennen? Oder würden wir uns dann weniger einzigartig fühlen, hätte sich die Trennung zwischen Menschen und Tieren verwischt?

Ein Pessimist würde antworten, dass uns Menschen der lächerlichste Anlass genügt, um zwischen uns und den anderen eine Grenze zu ziehen.

Eben. Und der Pessimist würde dann sagen: Nachdem der moderne Mensch alle übrigen Menschenformen erfolgreich ausgerottet hat, kommen jetzt unsere biologisch nächsten Verwandten dran – die Schimpansen.

Warum haben wir uns durchgesetzt? Die Neandertaler waren kräftiger und hatten größere Gehirne als wir. Sie pflegten ihre Kranken, bauten Hütten, fertigten Werkzeuge und Schmuck.

Aber sie sind nie hinaus aufs offene Meer gefahren, obwohl sie es vielleicht gekonnt hätten. So haben sie nie Amerika und Australien erreicht wie der moderne Mensch. Ihnen fehlte die Verrücktheit unserer Vorfahren: aufzubrechen, obwohl klar war, dass die meisten, die das Floß besteigen, untergehen werden. So haben wir die Erde bis in ihren letzten Winkel besiedelt und werden künftig vielleicht den Mars besiedeln. Wir hören nie auf. Wir sind eben ein bisschen wahnsinnig.

Nicht zuletzt verdanken Sie dieser Art von Verrücktheit Ihre Karriere. Als Student machten Sie Schlagzeilen, als Sie im Alleingang die Erbsubstanz einer Mumie aus dem Berliner Pergamonmuseum entschlüsselten. Wie kamen Sie darauf?

Ich habe mich schon immer für das Altertum interessiert. So begann ich ein Ägyptologiestudium und träumte von Ausgrabungen. Doch als ich damals in Uppsala vor allem altägyptische Sprachen büffeln musste, brach ich ab und wechselte aus Verlegenheit zur Medizin. Während meiner Doktorarbeit erlernte ich die damals neue Methode, DNS zu klonieren. Damit konnte man winzige Mengen der Erbsubstanz vervielfältigen, um sie zu analysieren. Ich fragte mich, ob sich wohl auch das Erbgut aus ägyptischen Mumien kopieren ließe. Also besorgte ich mir ein paar Proben.

Wie fand Ihr Doktorvater das?

Er wusste es nicht, ich arbeitete nachts. Im Mikroskop sah ich, dass in den alten Zellen tatsächlich noch Erbsubstanz war. Die beste Mumiensammlung gab es im damaligen Ostberlin. Ich fuhr hin, und auf Vermittlung meines alten Ägyptologieprofessors ließen sie mich tatsächlich an 23 Mumien ran. Bei einer konnte ich die DNS klonieren, es war die Mumie eines vor 2400 Jahren gestorbenen Kindes. Erst habe ich das brav in der Zeitschrift der Ostberliner Akademie veröffentlicht. Ein Jahr später war die Mumie dann auf dem Titel von *Nature* ...

... dem weltweit wohl angesehensten Wissenschaftsmagazin. Das war 1985.

Erst da merkte die Stasi, was geschehen war, und verhörte jeden im Museum. Als ich dann wieder nach Ostberlin kam, hatte keiner mehr Zeit für mich. Uppsala sei ein bekanntes Zentrum antisozialistischer Propaganda, hieß es.

Für einen 29-Jährigen ist so viel Aufsehen ein schöner Erfolg. Drei Jahre zuvor hatte Ihr Vater, Sune Bergström, den Medizinnobelpreis gewonnen. Standen Sie als Sohn eines so berühmten Mannes unter besonderem Druck?

Nein, niemand wusste, dass ich sein Sohn war. Meine Mutter lebte nicht mit ihm zusammen, als Kind sah ich ihn nur samstags. Er erzählte zu Hause, dass er die Samstage im Labor verbringe, obwohl seiner Frau alles bekannt war. Aber kurz vor seinem Tod wusste noch nicht einmal mein Halbbruder von mir. Nach seinem Nobelpreis war ich darüber froh.

Wollten Sie mit Ihren Genstudien eigentlich die wahren Verwandtschaftsverhältnisse der Pharaonen aufklären?

Ich träumte davon, fundamentale Fragen der ägyptischen Geschichte zu beantworten, über die Textquellen keine Auskunft geben. Kamen etwa mit Alexander dem Großen tatsächlich viele Griechen ins Land? Aber es hat nicht funktioniert.

Warum nicht?

Die Mumien-Erbsubstanz ist zu stark abgebaut. Und wenn man sie unvorsichtig entnimmt, wird sie sehr leicht mit moderner DNS kontaminiert. Aber das wussten wir damals noch nicht.

Die »Nature«-Veröffentlichung beruhte auf einem Irrtum: Was Sie für die Gene eines Pharaonenkindes hielten, waren in Wirklichkeit Ihre eigenen.

Der Nachweis der DNS in den alten Zellkernen war schon richtig. Aber die Sequenzen kamen wohl von meinen Genen. Wir haben diese Tatsache, dass die Sequenzen wahrscheinlich nicht alt waren, ein paar Jahre später selbst veröffentlicht. Nach meiner Promotion stand ich also vor der Frage: Sollte ich es weiter versuchen – oder doch lieber etwas medizinisch Nützliches machen? Ich entschied mich für den ersten Weg und ging in ein Labor in Berkeley, Kalifornien. Dort arbeitete man am Erbgut von Quaggas. Bei diesen ausgestorbenen Zebras kamen wir um das Problem der Kontamination herum, weil die menschliche DNS anders aussieht. Dann habe ich mit den Genen anderer ausgestorbener Tiere gearbeitet. Ich untersuchte das Riesenfaultier, den australischen Beutelwolf, alle möglichen Laufvögel.

Das war, bevor »Jurassic Park« ein Welterfolg wurde.

Der Roman von Michael Crichton, auf dem der Film beruht, war von unserem Labor inspiriert. »Alles begann damit, dass ein paar Wissenschaftler die DNS ausgestorbener Pferde aufgespürt haben«, heißt es im Buch.

In »Jurassic Park« werden diese Geschöpfe wiedererweckt. Können Sie sich so etwas vorstellen?

Mit Dinosauriern?

Sagen wir, mit Mammuts.

Nicht in dieser naiven Form. Da bräuchte man Zellen von einem gefrorenen Mammut, in denen jedes einzelne Gen intakt ist. So etwas wird man nie und nimmer finden. Aber mein Harvard-Kollege George Church geht ja mit einem anderen Szenario hausieren: Nachdem wir jetzt das Neandertalergenom kennten, lasse sich doch die DNS aus einem

heutigen Menschen gewissermaßen in einen Neandertaler-
zustand umprogrammieren. Wenn man das Ganze in einer
menschlichen embryonalen Stammzelle mache, könne man
ein Neandertalerbaby erzeugen.

Man bräuchte nur noch eine Leihmutter, die es austrägt.

Aber von allen technischen Schwierigkeiten einmal abgesehen – so etwas darf man natürlich mit menschlichem Erbgut nicht tun. Wenn ich Church das sage, antwortet er:
»Gut, dann bauen wir eben ein Schimpansengenom um.«
Als ob es das besser machte! Dann hätten Sie noch immer
aus reiner Neugier ein menschliches Wesen erzeugt. Aber
ich kann mir etwas anderes vorstellen: Man könnte ein paar
Neandertalergene in erwachsene menschliche Stammzellen
einschleusen und sehen, was sie dort tun.

*Wenn alles gutgeht, würde sich aus den Stammzellen Organ-
gewebe entwickeln. Dann hätten Sie die Neandertalerleber im
Reagenzglas. Oder Neandertalerneuronen. Arbeiten Sie daran?*

Im Moment nicht. Aber ich kann mir denken, dass es so
kommt.

*Als wir uns vor ein paar Jahren das letzte Mal trafen, erzählten
Sie, Sie wollten ein für die menschliche Sprachentwicklung zu-
ständiges Gen namens FOXP2 in Mäuse einbauen. Was ist
daraus geworden?*

Sie sprechen.

Und? Was sagen sie?

Na gut, unsere humanisierten Mäuse reden nicht wirklich. Aber sie vokalisieren anders als normale Mäuse. Kurz gesagt, haben sie eine tiefere Stimme. Auch fanden wir Unterschiede in Teilen des Gehirns, die für die Muskelsteuerung zuständig sind. Und es scheint, dass sie lernfähiger sind.

Dasselbe Gen FOXP2 haben Sie beim Neandertaler gefunden. Müssen wir nun annehmen, er konnte sprechen?

Jedenfalls haben wir einen Grund weniger, zu spekulieren, dass er es nicht konnte. FOXP2 ist wahrscheinlich dafür nötig, dass wir in Millisekunden Stimmlippen, Zunge und Lippen aufeinander abstimmen können, um uns zu artikulieren. Schimpansen sind zu solch präzisen Bewegungen nicht imstande. Natürlich könnten dem Neandertaler andere Genveränderungen fehlen, die zum Sprechen notwendig sind. Indem wir solche Fragen systematisch angehen, werden wir eines Tages definieren können, was uns biologisch zu modernen Menschen macht. Das ist mein Traum.

Ich frage mich nur, wie viel das Genom über uns sagen kann. Stellen Sie sich vor, Außerirdische hätten sich sämtliche Gensequenzen von modernen Menschen, Neandertalern und Schimpansen verschafft. Was wüssten sie dann über uns?

Sehr wenig – solange den Fremden unklar ist, was diese Gene in unserem Organismus bewirken. Und davon verstehen wir noch fast nichts. Neuerdings gibt es ja Firmen, bei denen jeder für ein paar hundert Euro sein Genom untersuchen lassen kann. Ich würde so etwas nicht unterstützen, bekam aber einen Gutschein geschenkt. Also schickte ich eine Speichelprobe dorthin. Und was erfuhr ich? Dass ich leicht Schuppenflechte bekommen würde, aber nicht Thrombosen. Leider ist es genau anders herum: Psoriasis hatte ich nie, dafür eine Thrombose. Immerhin konnten sie sagen, dass ich aus Nordeuropa stamme. Vielen Dank, das wusste ich schon.

Sie haben also eine Zusammensetzung von Genen, die für Skandinavier typisch ist. Was sagt das über Sie?

Nur oberflächliche Dinge. Wir kennen heute gut 1000 Genome von Menschen aus aller Welt. Natürlich hat man nach Merkmalen gesucht, die das Erbgut unterschiedlicher Populationen wie Europäer und Afrikaner auszeichnet. Man fand nur, dass bestimmte Genvarianten für Äußerlichkeiten wie Hautfarbe, Haarstruktur, Verdauung und für einige Eigenschaften der Immunabwehr hier häufiger und da seltener sind. An Organen, die direkt Umwelteinflüssen ausgesetzt sind, greift die natürliche Selektion am stärksten.

Klar, ohne Sonnencreme kann ein Schwede in Afrika nicht lange bestehen. Aber zählt wirklich nur solche Anpassung an die Umgebung? Intelligenz und Fähigkeit zur Kooperation sind nicht minder entscheidend für den evolutionären Erfolg, würde man denken.

Ja, aber die zahlen sich überall aus. Darum sehen wir hier keine genetischen Unterschiede zwischen den Populationen.

Was die Intelligenz angeht, mag das so sein. In Sachen Kooperation habe ich Zweifel. Hier scheint die Umgebung sehr wohl

eine Rolle zu spielen, wie neue Untersuchungen zeigen. Bei-
spielsweise ist das Gerechtigkeitsempfinden umso stärker ent-
wickelt, je mehr Menschen aufeinander angewiesen sind, um
sich zu ernähren. Warum haben sich diese Unterschiede nicht
in den Genen niedergeschlagen?

Weil keine Zeit dazu war. Um solch komplexe Eigenschaften zu ändern, müsste die Natur an sehr vielen Genen
schrauben. Dabei hat der Mensch eine viel schnellere Antwort auf das Problem der Anpassung – die Kultur. Noch
dazu haben sich unsere Vorfahren, seit sie vor 100 000 Jahren aus Afrika auszogen, immer wieder vermischt.

Man kann diese genetische Ähnlichkeit in eine wahre Ge-
schichte packen, die mich beeindruckt hat: Die Stammbäume
sämtlicher heute lebenden Menschen lassen sich auf eine einzige
Frau zurückverfolgen, die vor knapp 150 000 Jahren in Afri-
ka gelebt haben muss. So gesehen, sind wir sieben Milliarden
Menschen ...

... alle ziemlich eng verwandte Brüder und Schwestern.
Dass die genetischen Unterschiede zwischen uns alles andere als tiefgreifend sind, ist die wohl wichtigste Einsicht.
Als ich mit der Genetik begann, wollten viele Zeitgenossen
nicht wahrhaben, dass unsere biologische Herkunft etwas
bedeutet. Heute verfallen wir leicht ins andere Extrem und
überbewerten unsere genetische Geschichte. Wir vergessen
oft, dass die Kultur uns weit stärker prägt.

Doch Gemeinschaften können nur existieren, wenn sie festlegen,
wer dazugehört und wer nicht. Vielleicht gibt es Rassismus,
weil die sichtbare Verschiedenheit der Menschen in Körperbau

oder Hautfarbe solch verführerisch einfache Merkmale sind, um diese Entscheidung zu treffen.

Aber schon die Einteilung in Rassen ist willkürlich. Ich träume davon, einmal mit einem Boot von Alexandria den Nil hinaufzufahren. Alle 50 Kilometer würde ich Menschen, die mir begegnen, Blutproben für Gentests abnehmen und ihre Hauthelligkeit messen. Dabei würde sich zeigen, dass es nicht einmal zwischen den hellen Menschen vom Mittelmeer und den dunklen am Viktoriasee eine klare Abgrenzung gibt: Die Übergänge sind fließend. Wo immer wir Trennlinien ziehen, tun wir es willkürlich.

Noch weniger ist unsere Idee von Völkern genetisch gedeckt.

Unsere Gene spiegeln vor allem die Siedlungsgeschichte während der Eiszeit und der Epoche, in der sich Ackerbau verbreitete. Da gab es noch keine Deutschen, Franzosen und Polen. Von »Völkern« zu reden ist reine Politik.

Mehrere Auszüge aus Afrika, verschiedene Menschenformen nebeneinander, deutlich sichtbare und doch unbedeutende Unterschiede zwischen den Rassen: Die Menschheitsgeschichte, wie sie die Paläogenetik erzählt, ist kompliziert …

… was vielleicht nur bedeutet, dass wir sie noch nicht richtig verstanden haben.

Verstehen Sie Menschen, die sich nach einfacheren Erklärungen sehnen?

Meinen Sie religiöse Erklärungen?

Ja.

Ich verstehe, dass Menschen, die vor existentiellen Herausforderungen stehen, religiöse Bedürfnisse haben. Die habe ich auch. Manchmal stelle ich mir vor, dass ich mit mir nahestehenden Verstorbenen geistig Kontakt aufnehmen kann. Das hilft mir, die Trennung zu verarbeiten. Trotzdem finde ich es naiv, an einen persönlichen Schöpfer zu glauben.

Ist das nicht inkonsequent?

Wer ist schon immer konsequent? Ich hatte einmal einen Doktoranden, der war fundamentalistischer Muslim. Er litt, denn natürlich glaubte er an die Schöpfung. Doch wir konnten uns einigen. Denn können wir kategorisch ausschließen, dass es einen allmächtigen und unergründlichen Gott gibt? Vielleicht ist die molekulare Evolution sein Plan, den wir nur nicht durchschauen.

Eine Affenliebe

Niemand kennt Menschenaffen besser als die Forscherin Jane Goodall. Sie entdeckte sie neu, als charaktervolle Individuen – aber ihr Baby musste sie vor ihnen schützen

Ich habe nie eine bescheidenere Berühmtheit als Jane Goodall kennengelernt.

Wir trafen uns in ihrem kleinen Zimmer in einem Münchner Hotel, die berühmte Verhaltensforscherin hatte eine anstrengende Vortragsreise durch Österreich hinter und die Schweizer Premiere eines Films über ihr Leben vor sich. Aber die 77-jährige Goodall redete nicht nur mit höchster Präsenz und gelegentlich einer sehr britischen Selbstironie, sie hörte auch mit einer Aufmerksamkeit zu, wie ich sie selten erlebe.

Dabei soll nach einer amerikanischen Untersuchung nur ein Wissenschaftler mehr Menschen bekannt sein als sie – Albert Einstein persönlich. Goodall selbst würde wohl widersprechen, dass man seinen und ihren Namen in derselben Kategorie nennt, hat sie doch nie ein Studium durchlaufen. Eine Pioniertat ähnlich der Erschaffung der

Relativitätstheorie war es gleichwohl, als sie nach Abschluss einer Sekretärinnenschule im Jahr 1960 im ostafrikanischen Gombe-Nationalpark das Leben der Schimpansen zu erforschen begann. Denn nie zuvor hatte ein Mensch längere Zeit auf den Spuren wilder Menschenaffen verbracht. Und was Goodall in den mehr als 50 Jahren seitdem entdeckte, eröffnete nicht nur ein neues Verständnis unserer nächsten Verwandten. Ihre Forschungen waren auch wegweisend für unseren Umgang mit Tieren ganz allgemein.

Als wir dann am zweiten Tag unseres Treffens durch die nahe gelegenen Isaranlagen spazierten, brachte Goodall plötzlich so täuschend echt Schimpansenlaute hervor, dass Passanten sich umdrehten. Offenbar fürchteten sie, dass ein entlaufenes Tier sich im Park herumtreibt.

Frau Goodall, es heißt, Sie haben Schwierigkeiten damit, sich Gesichter zu merken.

Lange Zeit hielt ich es für geistige Trägheit, wenn ich Menschen nicht wiedererkannte. Dann aber erklärte mir Oliver Sacks, der berühmte Neurologe, dass ich an einer wohl angeborenen Störung leide, Prosopagnosie. Kurioserweise betrifft sie nur die Erinnerung an Gesichtszüge.

Wir könnten morgen einander auf der Straße begegnen, und keiner würde den anderen erkennen.

So schlimm ist es bei mir nicht. Ich scheitere an Durchschnittsgesichtern, an Ihres würde ich mich erinnern. Und Sie wüssten doch, wer ich bin?

Oder auch nicht. Ich habe dieselbe Störung wie Sie. Am schlimmsten war es, wenn ich meine eigenen kleinen Kinder in der Kitagruppe nur an ihrer Kleidung erkannte.

Prosopagnosie kann wirklich demütigend sein. Wenigstens geht es uns besser als dem armen Oliver Sacks, der auch daran leidet. Dem fehlte jede Ahnung vom Gesicht seiner Sekretärin – obwohl er sie zehn Jahre lang täglich in seinem Vorzimmer sah!

Haben Sie auch mit Schimpansengesichtern Probleme?

Dieselben. Ich behalf mir, indem ich mir bestimmte Merkmale ihrer Gesichter gezielt einzuprägen versuchte. Zudem orientierte ich mich an ihrem Körperbau, ihrer Haltung, der Haarfarbe, der Stimme.

Wenn man Ihr Lebenswerk in einem Satz zusammenfassen wollte, könnte man sagen: Sie hat den Schimpansen Gesichter gegeben. Bis dahin galten Tiere als austauschbar. Sie haben gezeigt, dass jedes seine eigene Persönlichkeit hat – wie wir.

Und einen Verstand und Gefühle.

Eine lange Tradition unseres Denkens sieht das ganz anders. Descartes, der französische Philosoph etwa, erklärte, Tiere seien von ihren Instinkten gesteuerte Maschinen. Woher nahmen Sie schon als ganz junge Frau den Mut zu widersprechen?

In zwei Dingen hatte ich riesiges Glück. Das eine war die Weisheit meiner Mutter. Sie brachte mir bei, unerschrocken zu sein, wenn andere meine Überzeugung nicht teilen. Das andere war mein Lehrer. Sie haben von ihm gelesen?

Louis Leakey, der berühmte Anthropologe. Er hat Sie 1960 in Begleitung Ihrer Mutter zu den Schimpansen in den ost-afrikanischen Urwald geschickt. So hoffte er, etwas über die Herkunft des Menschen zu erfahren.

Nein! Mein Lehrer war Rusty, mein Spaniel. Er hat mich durch meine ganze Kindheit begleitet. Er war unheimlich intelligent – und ganz anders als alle meine späteren Hunde. Dank Rusty kam ich gar nicht auf die Idee, am Verstand und an der Persönlichkeit der Tiere zu zweifeln.

Er hat Sie gegen die herrschende Vorstellung immunisiert.

Ja. Als ich meine Forschung begann, hatte ich allerdings noch gar keine Ahnung davon, wie die Wissenschaftler über Tiere dachten. Ich war ja als Sekretärin nach Afrika gekommen.

Dann lernten Sie Louis Leakey kennen, und er bot Ihnen an, als Verhaltensforscherin in den Dschungel zu gehen. Dabei muss er doch genau gewusst haben, dass Sie nie eine Universität von innen gesehen haben.

Natürlich. Gerade darum wollte er mich ja. Er wollte jemanden, der sich den Tieren ohne Vorurteile nähert. Aber das gestand er mir erst viel später. Wenn er mir damals verraten hätte, warum er gerade mich in den Urwald schickte, hätte ich sofort herausfinden wollten, was er von mir erwartete ...

… und Sie wären voreingenommen gewesen. So aber waren auch Sie ein Gegenstand seines Experiments.

Ja, ohne dass ich es wusste. Er war sehr weise.

Sie waren eine der drei jungen Frauen, die Leakey zu den Menschenaffen aussandte: Dian Fossey setzte er auf die Gorillas an, Birut Galdikas auf die Orang-Utans. Warum eigentlich nur Frauen?

Weil er junge Frauen mochte. Und mitunter ging er zu weit. Für mich war das ein Problem, weil er ja der einzige Mensch war, der meinen Traum wahr machen konnte. Er hatte von einem reichen Amerikaner Geld für sechs Monate meiner Forschung besorgt. Aber es war nicht viel. Ich hatte ein miserables Fernglas, wir lebten in einem ausgedienten Armeezelt. Wenn man es lüften wollte, musste man die Seitenwände hochbinden; dann krochen die Spinnen, Skorpione und Schlangen hinein. Meine Mutter hat das alles nicht nur ertragen, sie hielt auch noch meine Moral hoch. Denn ich wusste: Wenn ich in einem halben Jahr keine Ergebnisse habe, ist mein Abenteuer für immer beendet. Und ich kam Schimpansen einfach nicht näher, obwohl wir Bananen für sie ausgelegt hatten. Es war zum Verzweifeln.

Was änderte die Situation?

Die Begegnung mit David Graybeard. Ich hatte ihn schon öfter beobachtet, an seinem grauen Backenbart konnte ich diesen Schimpansen wiedererkennen. Eines Tages nahm er die Bananen. Bald duldete er meine Nähe und machte mich mit seinen Freunden im Dschungel bekannt. So konnte ich beobachten, wie er mit einem Grashalm nach Termiten stocherte. Niemand hätte bis dahin für möglich gehalten, dass frei lebende Affen Werkzeuge benutzen.

»Wir müssen nun entweder neu definieren, was der Mensch ist, oder Schimpansen als Menschen anerkennen«, schrieb Louis Leakey damals.

Das war seine Antwort auf das Telegramm, das ich ihm sandte. Der Werkzeuggebrauch galt damals geradezu als das, was uns von allen anderen Tieren unterscheidet.

Heute wissen wir, dass Schimpansen einander nicht nur den Umgang mit Werkzeugen, sondern sogar den Gebrauch von Heilpflanzen beibringen und so ihre Verletzungen und Krankheiten behandeln.

Ja, das ist faszinierend. Mehrere große Studien laufen derzeit darüber, und ich vermute, dass sich die Schimpansen derselben Heilkräuter bedienen wie die einheimischen Menschen. Eine Generation gibt ihr Wissen offenbar der nächsten weiter.

Dass Affen eine Kultur haben, schien 1960 undenkbar. Waren Sie stolz auf Ihre Entdeckung?

Für mich zählte viel mehr, dass ich nun eine Rechtfertigung hatte, im Urwald zu bleiben. Bald darauf entdeckte ich, dass Schimpansen Werkzeuge herstellen, indem sie Blätter von Zweigen streifen. Und dass sie kleinere Affen jagen und essen. Schließlich hatte David Greybeard so viel Vertrauen zu mir, dass er meine Hand fasste.

Hatten Sie keine Angst, dieses riesige wilde Tier zu berühren?

David hatte Angst. Und ich sah ihn nicht als wildes Tier, sondern als ein Individuum, dessen Vertrauen ich gewonnen hatte. Schließlich hatte er es gewagt, von mir etwas anzunehmen. Mir scheint, genauso fühlen sich Feldforscher, die einen Stamm beobachten, der noch nie mit Weißen Kontakt hatte. Als ich dann nach Cambridge ging, um auf Leakeys Veranlassung eine Doktorarbeit zu schreiben, hörte ich, dass ich alles falsch gemacht hatte. Ich hätte den Schimpansen noch nicht einmal Namen geben dürfen. Damals gehörte es sich, dass Verhaltensforscher die Tiere durchnummerieren. Sie versuchten damals verzweifelt, die Verhaltensforschung in eine harte Wissenschaft zu verwandeln …

… Zahlen und Formeln zu suchen wie in der Physik.

Ja. Und ich erzählte ihnen, wie David Graybeard und seine Freunde mit einer Decke, die sie uns geklaut hatten, blinde Kuh spielten!

Ihre Professoren suchten nach dem typischen Affen. Sie hingegen interessierten sich für jedes einzelne Tier – seine Geschichte, seine Besonderheiten.

Ja, ich sehe die Art als eine Versammlung von Individuen. Ich sehe Schimpansen nicht als die Tiere, obwohl sie natürlich welche sind. Aber wir Menschen sind auch Tiere und halten uns doch nicht für solche. Für mich fallen Schimpanse und Mensch in dieselbe Kategorie. Viele Kollegen schimpfen, ich würde nur Anekdoten erzählen. Aber wie

sonst wollen Sie Wesen gerecht werden, von denen jedes
anders ist? Aus Anekdoten erfahren Sie, wie die Tiere auf
eine neue Situation reagieren, wozu sie fähig sind. Ob sich
einzelne Beobachtungen zu einem Gesamtbild fügen, kann
man ja hinterher immer noch sehen. Darum liebe ich Geschichten.

*Als Physiker freut mich allerdings auch die Schönheit allgemei-
ner Gesetze. Aber wie wollen Sie die finden, wenn Sie nicht
danach suchen? Die Umstände jeder Anekdote sind anders.*

Verhaltensforschung wird nie eine harte Wissenschaft
sein. Andererseits: Wenn Sie eigentümliches Verhalten
von vornherein ausblenden, unterschätzen Sie die Tiere.
So dachten Wissenschaftler, es sei völlig unmöglich, dass
Vögel Werkzeuge herstellen. Ihr Gehirn könne das nicht
leisten, hieß es, und darum sah man gar nicht erst nach – bis
2002 ein Experiment in Oxford scheiterte, bei dem zwei
Krähen mit einem Drahthaken nach Futter angeln sollten.
Aber der Haken brach ab. Und dann fand man eines Tages,
das jemand das Drahtende zu einem neuen Haken gebogen
hatte.

Der Vogel.

Niemand wollte es glauben. Aber mit neuen Drähten zeigte sich, dass das kluge Tier dieses Kunststück mit Schnabel
und Fuß wirklich fertigbrachte. Inzwischen gibt es tonnen-
weise Literatur über Vogelintelligenz. Der Witz ist: Papa-
geienbesitzer wussten schon immer, dass ihre Schützlinge
so etwas können. Nur die Wissenschaft war zu arrogant, es
zu glauben.

Zeichnen Sie Ihre Kollegen jetzt nicht überheblicher, als sie sind? Sie selbst haben doch eine ganze Generation von Verhaltensforschern geprägt. Und die bringen bis heute Erstaunliches über wilde Schimpansen zutage. Mich beispielsweise überraschte im vorigen Jahr ein Befund von der Elfenbeinküste. Dort adoptieren Schimpansen Waisen. Selbst Männchen umsorgen dort rührend die Kleinen, obwohl sie mit ihnen gar nicht verwandt sind. Dabei kümmern sich Schimpansenväter normalerweise nicht einmal um die eigenen Kinder.

Mich überraschte es nicht. Adoptionen haben wir auch an unseren Schimpansen beobachtet, wenn auch nur unter Verwandten. Und aus Zoos wissen wir, dass sich Tiere oft unter Lebensgefahr retten. Etwa, wenn ein Tier in den Wassergraben gefallen ist, springen sie hinein – wie auch Menschen ein fremdes Kind vor dem Ertrinken bewahren, oder es jedenfalls sollten. Dass Schimpansen selbstlos sein können, liegt an ihrer sehr langen Kindheit. Die Jungen sind fünf Jahre lang mit ihrer Mutter zusammen. So entstand in der Evolution eine starke Fürsorglichkeit, die sich offenbar sogar auf Nicht-Verwandte überträgt.

Meinen Sie, wir können von den Schimpansen etwas lernen?

Wie die Mütter mit ihren Kindern umgehen, zum Beispiel. Sie haben so viel Spaß miteinander. Sie kitzeln ihre Babys, wirbeln sie herum, spielen mit ihnen. Und ich beobachtete: Je verlässlicher die Bindung zwischen Schimpansenmutter und ihrem Kind ist, umso höher ist der Rang, den es später in der Horde einnimmt. Als dann mein Sohn zur Welt kam, habe ich mir von den Affenmüttern viel abgesehen.

Was haben Sie mit dem Jungen gemacht, während Sie Tiere beobachteten?

Ich nahm ihn mit in den Urwald. Für die Zeiten, in denen ich nicht nach ihm sehen konnte, haben wir ihm einen großen Käfig gebaut. Darin konnte er spielen.

Warum haben Sie ihn eingesperrt?

Zum Schutz vor den Schimpansen. Wir wussten, dass sie Menschenbabys holen.

Was machen sie mit ihnen?

Aufessen. Menschen essen Schimpansen und Schimpansen Menschen. Sie sind eben Primaten wie wir – mit dem Unterschied freilich, dass die Schimpansen die Menschen niemals ausrotten werden.

In Ihrem ersten Buch beschrieben Sie die Schimpansen noch als Wesen voll Fürsorglichkeit, Mutterliebe und Intelligenz. Und nun stellten Sie fest, dass Sie es mit Kannibalen zu tun hatten.

Es war ein Schock. Ich hatte gedacht, sie sind wie wir, nur netter. Das war, was ich bis dahin gesehen hatte: Sie küssen und umarmen einander, haben enge Familienbande, leben in einer komplexen Gesellschaft. Die erste Ahnung, wie brutal sie sein können, bekamen wir, als eine Studentin eine Schimpansenmutter verfolgte und zusehen musste, wie ein Weibchen einer Nachbargruppe die Mutter angriff und ihr Baby umbrachte. Die Angreiferin sah zu, wie das Opfer an den Wunden starb; anschließend verspeiste sie das

Kind. Dann kam der vierjährige Krieg. Eine Gruppe von Schimpansen, die bis dahin friedlich zusammengelebt hatte, teilte sich, und die beiden neuen Gemeinschaften kämpften nun ums Territorium. Wann immer die Männchen ein Tier der anderen Horde erwischten, wurde es umgebracht.

Wenn sich so etwas unter Menschen abspielt, nennt man es ethnische Säuberung – ein schrecklicher Ausdruck.

Es war furchtbar zu sehen, wie ähnlich sie uns sind. Die jungen Männchen waren fasziniert von dem Morden. Sie wollten zusehen, wenn ein anderer starb.

Vielleicht ist solches Verhalten der Preis, den sie und wir für die hochentwickelten sozialen Fähigkeiten bezahlen. Kooperation und der Zusammenhalt in der Gruppe bedingen, dass es Außenseiter geben muss – und Konflikte mit anderen Gruppen.

Immerhin sind wir Menschen normalerweise imstande, Streitereien gewaltfrei zu lösen. Wir können unsere Gefühle kontrollieren.

Haben die Kämpfe Ihre Sympathie für die Schimpansen geschmälert?

Manche fand ich widerwärtig, nicht alle. Bei Menschen empfinden Sie doch genauso.

Kollegen warfen Ihnen vor, dass Sie selbst den Krieg ausgelöst hätten, indem Sie allzu großzügig Bananen anboten und dadurch starke Konkurrenz erzeugten.

Die Bananen spielten keine Rolle. Die Gruppe, die sich abgespalten hatte, interessierte sich nicht mehr für unsere Fütterung. Diese Tiere lebten wieder von den Früchten des Waldes. Und anderswo gab es auch Kriege zwischen Schimpansen.

Trotzdem: Haben Sie sich nie gefragt, ob Sie durch Ihre Gegenwart das Verhalten der Tiere verändern?

Das tut man immer. Am stärksten ist der Eingriff natürlich, wenn man die Tiere in Gefangenschaft hält. Beispielsweise haben Kollegen berichtet, auf welche raffinierte Weise Schimpansen in Zoos sich nach Konflikten aussöhnen. In der Natur sahen wir so etwas kaum – hier haben die Tiere Platz, einander einfach aus dem Weg zu gehen. Dafür pflegten wir intensive Beziehungen zu manchen Schimpansen. Wir berührten sie, spielten mit ihnen, durften sie sogar kitzeln. Es war magisch. Als klar wurde, dass wir lange im Urwald bleiben würden, haben wir damit aufgehört. Wir wollten die Tiere weder zu sehr an uns Menschen gewöhnen noch sie mit Krankheiten anstecken.

Dennoch haben Sie mit manchen Affen so etwas wie Freundschaft geschlossen.

Eigentlich gibt es kein Wort für die Art unserer Beziehung. Ein Hund kann ein Freund werden, ein Schimpanse nicht. Sie haben ihre Freundschaften untereinander, aber sie wissen sehr genau, dass ein Mensch nicht zu ihnen gehört. Am ehesten ist es vielleicht gegenseitiges Vertrauen – und Respekt.

Ein heiliger Grundsatz der modernen Naturwissenschaften lautet: Der Forscher soll Distanz halten zu dem, was er untersucht, denn nur so kann er objektiv sein.

Ich habe mich in der Wissenschaft immer als Fremdling gefühlt. Warum kann man nicht objektiv sein, wenn man eine Gefühlsbindung eingeht?

Weil es dann schwer wird, zwischen den Eigenschaften des Gegenübers und den eigenen Wünschen an ihn zu trennen. Verliebte sehen in den Augen des oder Angebeteten vor allem sich selbst.

Aber in ein Tier sind Sie nicht verliebt. Sehen Sie sich meine Notizbücher an. Einmal etwa beobachtete ich, wie eine Schimpansenmutter ein Baby versorgte, das Opfer eines Angriffs geworden war. Das Fleisch hing in Fetzen von der Wunde, obendrein war ein Arm gebrochen. Und je mehr die Mutter ihr Kind wiegte, um es zu beruhigen, umso lauter schrie es vor Schmerzen. Sie begriff nicht, dass sie genau das Falsche tat. Die Tränen strömten nur so aus meinen Augen. Aber meine Aufzeichnungen beschreiben ganz objektiv den Hergang. Ich glaube vielmehr, dass wir die Empathie sogar brauchen. Nur wenn Sie sich in die Tiere hineinversetzen, werden Sie verstehen, was geschieht.

Können wir überhaupt verstehen, was in einem Tier vorgeht? Oft haben wir doch schon größte Schwierigkeiten, Menschen einer ganz anderen Kultur zu begreifen, wenn uns die Sprache fehlt. So ging es mir beispielsweise in Japan.

Und Schimpansen sind noch viel fremder, dabei sind sie unsere biologisch nächsten Verwandten. Als ich nach Cambridge kam, schrieb ich Sätze wie: »Schimpansenkind Fifi war eifersüchtig auf ihr neues Geschwister.« Mein Doktorvater sagte, das kannst du nicht beweisen. Aber er hatte einen klugen Rat. Ich sollte es so formulieren: »Fifi verhielt sich wie ein eifersüchtiges Menschenkind.« Daran habe ich mich immer gehalten.

Eine berühmte Szene in Ihrem ersten Buch beschreibt, wie Schimpansen vor einem Wasserfall tief im Urwald in eine Art Ekstase geraten.

So habe ich es beobachtet: Als die Tiere das Donnern des Wassers hörten, stellten sich ihre Haare auf. Und ihre Erregung stieg umso mehr, je näher sie kamen. Dann stiegen sie rhythmisch von einem Fuß auf den anderen, vielleicht 20 Minuten lang. Schließlich setzen sie sich auf einen Felsen und beobachteten nur still das Wasser.

Sie deuteten das Verhalten als Verehrung des Naturschauspiels. Die Schimpansen hätten eine Vorform der Religion. Ich finde diese Behauptung reichlich gewagt.

Nun, ich fragte mich, woher diese wunderbaren rhythmischen Bewegungen kamen – und ob solches Erschauern vor den Naturgewalten zu den ersten Naturreligionen geführt haben mag. Und ich selbst empfand große Ehrfurcht vor dem, was ich da sah. Im Grund habe ich die ganze Zeit im Gombe-Nationalpark empfunden, dass ich ein Teil von etwas Größerem bin. Dass es da ein Mysterium gibt, wenn Sie so wollen.

Sie fühlten sich eingebunden in eine höhere Ordnung.

Ja. Aber kann ich wissen, ob die Schimpansen genauso empfanden? Nein.

Nun besteht die Gefahr, dass wir den Tieren nicht gerecht werden, wenn wir sie vermenschlichen.

Sicher. Doch ist die Angelegenheit komplizierter: Einerseits legen wir großen Wert darauf, dass Tiere anders sind als wir ...

... wenn wir sie als Wesen ohne viel Verstand und Gefühle sehen, fällt es uns leichter, sie zu essen.

Beispielsweise. Doch andererseits machen wir Tierversuche. Da sperren wir also Schimpansen in winzige Käfige, um unsere eigenen Krankheiten besser zu verstehen. In manchen solcher Experimente wollen Mediziner sogar etwas über unsere seelischen Leiden erfahren. Warum? Weil uns die Affen so ähnlich seien.

Wir sind schizophren.

Und nicht nur in unserem Verhältnis zu Affen. Eine kluge Untersuchung studierte einmal die Mitarbeiter von medizinischen Labors. Natürlich geben sie den Ratten und Hunden dort keine Namen und behandeln die Tiere eher als Sachen. Aber manche dieser Menschen haben Haustiere. Und kaum haben sie den Laborkittel ausgezogen, erklären sie, dass ihr Dackel Teil der Familie sei und jedes gesprochene Wort versteht! Dabei wissen sie genau, dass nur entweder beide, Haus- und Laborhund, Gefühle und Verstand haben können oder keiner. Doch dass sie das eine Tier benennen, das andere nicht, schützt sie vor dieser Einsicht.

In früheren Kulturen plagten sich die Menschen offenbar mit so etwas wie einem Schuldbewusstsein gegenüber dem misshandelten Tier. Um sich davon zu befreien, war beispielsweise in der Antike das Schlachten oft mit einem Opfer an die Götter verbunden.

Typisch: Sie dachten an ihre Götter, nicht an das Tier. Die amerikanischen Ureinwohner hingegen beteten für das erlegte Wesen. Sie kamen der Wirklichkeit viel näher.

Meinen Sie, dass man Tiere töten darf?

Nicht ohne Grund. Wenn ich für das Leben meines Sohnes einen Schimpansen opfern müsste, würde ich es natürlich tun. Aber was heißt das schon? In dieser Lage würde wohl jeder statt des Schimpansen auch das Leben eines anderen Menschen drangeben. So ist das nun einmal mit der Verwandtschaft.

Nun sollten wir es gewiss nicht nur vom Grad unserer Verwandtschaft zu ihnen abhängig machen, wie wir uns gegenüber anderen Geschöpfen verhalten.

Nein. Mir fiele es mindestens so schwer, für meinen Sohn einen Hund statt einen Schimpansen zu opfern. Wahrscheinlich habe ich für Hunde sogar mehr Mitgefühl als für Affen. Entscheidend ist, dass wir Tiere nicht mehr als Automaten sehen – sondern als kluge und empfindsame

Individuen. Dann nämlich begreifen wir, wie sehr wir uns selbst entwürdigen, wenn wir ihnen sinnloses Leid antun.

Sie haben der Forschung ganz den Rücken gekehrt, um sich den Rechten der Tiere und dem Schutz der Umwelt zu widmen. Fiel Ihnen das schwer?

Ja. Ich vermisse das Leben im Wald und würde zu gerne wenigstens die Daten auswerten, die jetzt andere dort sammeln. Aber ich konnte nicht anders. Auf einer Konferenz zu Ehren meines wissenschaftlichen Hauptwerks erfuhr ich, wie bedroht die Schimpansen sind. Überall in Afrika verschwinden die Urwälder, der Handel mit Schimpansenfleisch blüht ...

... das wussten Sie nicht? Sie lebten damals schon seit einem Vierteljahrhundert in Afrika.

Ich war so mit der Forschung, auch mit meinem eigenen Baby befasst, dass ich gar nicht gemerkt hatte, was um uns herum vorging. Und die Wissenschaftlerkollegen sprachen auch nicht darüber. Jedenfalls beschloss ich von einem Tag auf den anderen, dass ich unmöglich so weitermachen konnte. Ich wünschte, mehr Wissenschaftler würden begreifen, dass sie in erster Linie ein menschliches Wesen sein sollten und erst in zweiter Linie ein Forscher. Wenn sie das nämlich vergessen, können schreckliche Dinge geschehen.

Anfangs setzten Sie sich vor allem für die Schimpansen ein. Inzwischen haben Sie sich den Naturschutz generell auf die Fahnen geschrieben und obendrein Projekte für die Landbevölkerung in afrikanischen Ländern gestartet. Was gibt Ihnen die

Zuversicht, dass wir die Zerstörung der Erde noch aufhalten können?

Manchmal frage ich mich wirklich, ob ich aus reiner Anmaßung glaube, die Welt verändern zu können. Andererseits sagen mir Menschen immer wieder, wie viel Hoffnung ich ihnen gegeben habe. Und mir selbst erscheint mein eigenes Leben dadurch umso wertvoller – vor allem seit wir unser Jugendprogramm aufgelegt haben. Es begann vor genau zwanzig Jahren mit ein paar engagierten Schülern in Daressalaam, Tansania; heute haben wir Gruppen in mehr als hundert Ländern. Jede Gruppe entscheidet selbst, wie sie sich für die Umwelt und ihre Mitmenschen einsetzen will. Die jungen Leute können einen verschmutzten Flusslauf reinigen, sich um Straßenkinder kümmern, einen Solargenerator entwickeln, was immer sie wollen. Sie sollen lernen, in Harmonie mit anderen Menschen und der Natur zu leben. Und aus allen Teilen der Welt berichten sie mir, wie viel sie erreichen konnten. Die Phantasie und der Einsatz dieser Menschen geben mir Kraft.

Es heißt, Sie sind 300 Tage im Jahr unterwegs, um Ihre Gruppen zu besuchen und Vorträge zu halten. Die Menschen verehren Sie. Wie lebt es sich als Idol?

Ich wollte nie eine Ikone sein. Jetzt bin ich eine geworden und muss das Beste daraus machen. Ich versuche, möglichst wenig darüber nachzudenken. Den besten Rat habe ich schon früh in meiner Kindheit mitbekommen: sich selbst nicht zu ernst zu nehmen.

Ist Luxus unmoralisch?

Ein Streitgespräch mit dem Moralphilosophen Peter Singer,
der ungeteilten Reichtum für böse hält –
Foltern und Töten jedoch nicht immer

An Peter Singer scheiden sich die Geister.
Seine Anhänger halten ihn für einen der be-
deutendsten Moralphilosophen unserer Zeit
und loben sein unerschrockenes Denken. Unter ihnen sind viele Kollegen; Vegetarier, die
ihn als Vorkämpfer des Tierschutzes sehen;
aber auch Bill Gates. Ihm hat es Singers be-
dingungsloses Eintreten für die Ärmsten der
Welt angetan. Seine Gegner allerdings halten
Singer vor, ihm sei menschliches Leben nicht
heilig. Die erbittertsten Kritiker behaupten
sogar, was Singer lehre, stehe in gefährlicher
Nähe zur Ideologie der Nationalsozialisten.

Dabei stammt Singer aus einer uralten böhmischen Rab-
binerfamilie.

Seine Eltern flohen vor den Nazis nach Melbourne, Australien, wo Singer 1946 geboren wurde und nach seinem
Studium einen Lehrstuhl für Philosophie übernahm. Heute
ist er außerdem Professor an der amerikanischen Eliteuni-
versität Princeton.

Die Gespräche dieser Serie leben auch davon, dass ein

bedeutender Forscher dem Leser als Mensch gegenüber-
tritt. Darum besuche ich meine Gesprächspartner gewöhnlich am Ort ihres Wirkens. Singer zeigte sich unwillig –
aus moralischen Erwägungen. Ob wir uns nicht auch über
das Internet-Bildtelefon Skype unterhalten können? Eine
Premiere.

Herr Singer, was spricht dagegen, von Berlin nach New York zu
fliegen, um mit Ihnen zu reden?

Gewiss gibt es schlechtere Gründe, um die Welt zu jetten.
Trotzdem: Es ist moralisch falsch zu reisen, wenn man nicht
unbedingt muss. Wenn Sie fliegen, belasten Sie die Atmo-
sphäre mit Klimagasen.

Bei einem einfachen Transatlantikflug sind es pro Passagier
etwas mehr als vier Tonnen CO_2. Wenn Sie in der Business-
Klasse sitzen, bläst die Maschine für Sie sogar über sechs Ton-
nen Treibhausgas in die Luft.

Das ist nur zu vertreten, wenn es keine Alternative gibt.
Offenbar können wir uns ja auch über Skype unterhalten.
Ich bezweifle, dass der Schaden durch Ihre Reise den größeren Nutzen eines persönlichen Gesprächs aufgewogen
hätte.

Wie halten Sie es denn selbst mit dem Reisen? Sie haben ja
nicht nur eine Professur in Princeton, sondern auch eine in Aus-
tralien.

Ich bin kein Heiliger. Schlimmer noch: Neuerdings zahlen mir manche Veranstalter die Business-Klasse, wenn ich

etwa auf einer Konferenz sprechen soll. Ich nehme das an, die Sitze sind ja viel bequemer. Leider lässt sich diese Entscheidung mit meinem persönlichen Komfort kaum rechtfertigen. Moralisch ginge sie nur in Ordnung, wenn ich dann ausgeruhter ankomme und meine Rede dadurch so viel überzeugender ist, dass sie mehr Menschen beeinflusst, Gutes zu tun.

Was genau verstehen Sie unter Moral?

Moralisch verhält sich, wer die Leben aller, auf die er Einfluss hat, verbessert. In Betracht ziehen müssen wir dabei nicht nur die Zeitgenossen, sondern auch jene, die noch gar nicht geboren sind – soweit wir eben die Folgen unserer Handlungen voraussehen können.

Der Nutzen muss in der Summe größer als der Schaden sein.

Ganz genau. So fällt es mir schwer zu erkennen, wie diese Rechnung aufgehen soll, wenn jemand etwa einfach nur für vier Tage nach Thailand fliegt, um dort Urlaub zu machen.

Sie sind Utilitarist. Das heißt, für Sie gibt es keine moralischen Gebote, kein Richtig und Falsch von vornherein. Sie beurteilen Entscheidungen allein nach ihren möglichen Folgen. Ich nehme an, Sie hätten gar nichts dagegen, wenn ich lüge – solange nur meine Unaufrichtigkeit der Allgemeinheit zugutekommt.

Nur ist das gewöhnlich eben nicht der Fall. Wir alle haben ein Interesse daran, dass wir einander vertrauen können. Darum ist das Gebot, die Wahrheit zu sagen, berechtigt. Aber wären Sie auch ehrlich, wenn ein Mörder vor Ihrer

Tür steht und nach dem Verbleib eines Freundes fragt, der sich in Ihrem Haus versteckt und den er umbringen will? Immanuel Kant erklärte, dass die Pflicht zur Aufrichtigkeit nicht einmal diese Ausnahme verträgt: Sie müssten dem Mörder die Wahrheit sagen. Und leider ist die Szene ja alles andere als weltfremd. Vor nicht langer Zeit klingelten in Deutschland tatsächlich Mörder bei Menschen, die Juden versteckten.

Kant argumentierte, dass wir uns über die Folgen unserer Handlungen nie sicher sein können. Falls etwa das Opfer ohne mein Wissen ausgegangen ist und ich den Mörder mit einer Lüge wegschicke, so würden die beiden einander möglicherweise auf der Straße begegnen. Dann stirbt der Freund gerade durch meine Lüge.

Sehr unwahrscheinlich. Sie müssen davon ausgehen, was Sie erwarten können. Meist werden Sie den Freund mit ihrer Lüge retten. Darum ist sie gerechtfertigt.

Aber heiligt der Zweck wirklich alle Mittel? Als Utilitarist werden Sie auch argumentieren müssen, dass Folter moralisch sein kann – etwa wenn sich ein Verbrechen nur so verhindern lässt.

Natürlich wurden unter der Regierung Bush solche Praktiken missbraucht. Trotzdem: Wenn der Verdacht sehr begründet ist, dass sich Tausende Leben nur so retten lassen, würde ich der Folter zustimmen.

Die Schwierigkeit ist doch, dass man weder angeben kann, wann ein Verdacht »sehr begründet« ist, noch, ob die Grausamkeit gegen den Verdächtigen wirklich zum Ziel führt. Darum halte ich es für richtig, Mittel wie Folter unter allen Umständen auszuschließen. Vor ein paar Jahren konnte die Frankfurter Polizei den Entführer des Bankierssohns Jakob von Metzler verhaften; vom Opfer allerdings fehlte jede Spur. Da ließ der stellvertretende Polizeipräsident dem Häftling Folter androhen, um ihn zum Reden zu bringen und den Jungen zu retten.

Hatte er Erfolg?

Der Entführer führte die Polizei zur Leiche des Kindes. Der Polizeipräsident und sein Untergebener wurden wegen Nötigung verurteilt.

Mir scheint der Schuldspruch angemessen. Eine zivilisierte Gesellschaft muss Folter verbieten. Dennoch hat der Polizeipräsident möglicherweise richtig gehandelt. Wer gegen das Gesetz mit Folter drohen lässt, muss die Folgen tragen.

Jetzt vertreten Sie aber eine Doppelmoral. Wer hinter verschlossenen Türen foltert, begeht demnach nicht unbedingt Unrecht. Wird die Sache aber bekannt, muss die Gesellschaft ihn strafen.

Als Utilitarist können Sie nicht immer gegen eine Doppelmoral sein. Wir brauchen öffentliche Regeln und müssen trotzdem zugeben, dass unter bestimmten Umständen Ausnahmen moralisch zulässig sind.

Die längste Zeit schrieben Ihre Kollegen nur sehr abstrakt über Ethik. Sie dagegen setzten ganz praktische Fragen auf die Tagesordnung der Moralphilosophie: Vegetarismus und Abtreibung, Armut und die Entscheidungen von Ärzten über

Leben und Tod. Was hat Sie dazu gebracht, sich mit solchen Problemen die Hände schmutzig zu machen?

Der Ruhm dafür, dass die Ethik und Praxis wieder zueinanderfanden, gebührt mir nicht alleine. Aber ich habe beigetragen dazu. Früher konnte die Philosophie sehr lebensnah sein. Thomas von Aquin gab Ratschläge für Entscheidungen, David Hume hat über Selbstmord geschrieben, Kant über das Lügen und den ewigen Frieden. All das geriet in der ersten Hälfte des 20. Jahrhunderts aus der Mode. Plötzlich waren die Philosophen nur noch damit beschäftigt, die Bedeutung von Wörtern und von Konzepten zu analysieren. Es hieß sogar, dass sich Philosophen überhaupt nicht mehr an moralische Fragen heranwagen sollten; dies sei Sache der Prediger. Was für ein Unsinn! Gerade weil Philosophen sich gut darauf verstehen, Argumente gegeneinander abzuwägen, können sie viel zur Ethik beitragen.

Wollten Sie die Welt verändern?

Als Student in Melbourne hat mich die Politik sehr beschäftigt. Schließlich kämpfte damals auch Australien in Vietnam, und es gab Wehrpflicht. Das brachte mich auf Fragen wie: Wann ist ein Krieg gerechtfertigt? Darf man sich als Bürger seinem Staat widersetzen? Ich wollte mein Studium auf das anwenden, was mich ohnehin umtrieb.

Bekannt wurden Sie dann allerdings mit einem Aufsatz über Armut. Sie argumentierten darin, dass es unmoralisch sei, im Luxus zu leben, während es anderswo Menschen am Lebensnotwenigen mangelt. Es ist bis heute Ihre am meisten zitierte Arbeit.

Ich schrieb sie 1971. Nach einem Aufstand im heutigen Bangladesh waren neun Millionen Menschen nach Indien geflohen, das als armes Land mit dem Zustrom überfordert war. Ich lebte zu der Zeit von einem kleinen Stipendium in Oxford. Aber ich fand es unerträglich, mir Dinge zu leisten, die ich nicht unbedingt brauchte, während Millionen Flüchtlinge weder Unterkunft noch sauberes Trinkwasser hatten und viele verhungerten. Da reicht es einfach nicht aus, ein paar Groschen in eine Sammelbüchse zu werfen, um sein Gewissen zu beruhigen.

Was taten Sie?

Meine Frau und ich beschlossen, dass wir von unserem damals nicht gerade üppigen Einkommen zehn Prozent für die Flüchtlingshilfe abgeben würden. Seitdem haben wir diesen Anteil zugunsten der Ärmsten der Welt immer weiter gesteigert. Und ich versuchte darzulegen, dass bei uns etwas grundsätzlich schiefläuft – übrigens bis heute.

Sie haben uns Bewohner des reichen Nordens mit einem Menschen verglichen, der Zeuge wird, wie ein kleines Mädchen in einem Teich zu ertrinken droht, aber nicht ins Wasser steigt, weil er keinen Schmutz an den Schuhen will.

Ganz genau. Wir sind moralisch nicht nur verantwortlich für das, was wir tun, sondern auch für das, was wir unterlassen. Wenn Sie lieber einen Mercedes fahren als ein günstigeres Verkehrsmittel, bitte sehr. Aber damit haben Sie eben auch entschieden, dass Ihnen Ihre Sitzheizung wichtiger ist als das Leben eines anderen, das Sie von dem Geld hätten retten können.

In einem entschiedenen Punkt geht die Metapher von dem er-
trinkenden Kind fehl: Wird jemand unmittelbar Augenzeuge
eines Unglücks, sieht er, was das Opfer braucht, und kann selbst
etwas tun. Sind dagegen Menschen auf fernen Kontinenten in
Not, brauchen wir Mittelsmänner, um ihnen zu helfen. Auf die
ist oft wenig Verlass. Darum halten wir uns in solchen Fällen
lieber zurück. Wir können ja nicht einmal sichergehen, ob die
von uns beauftragten Helfer nicht alles noch schlimmer machen.

Dies ist ein echtes ethisches Problem. Um in meinem
Bild zu bleiben: Was etwa, wenn heute das gerettete Kind
morgen wieder in einen Teich fällt? Dann hätten wir viel
weniger moralische Veranlassung, es zu retten. Nun wurde
gerade der staatlichen Entwicklungshilfe vorgeworfen, dass
sie keine dauerhaften Lösungen bringt. In vielen Fällen
trifft das auch zu. Andererseits wissen wir aber, wie viel
gute nichtstaatliche Organisationen gerade für die Ärmsten
ausrichten können. Obwohl sich die Weltbevölkerung seit
den 1960er Jahren mehr als verdoppelt hat, sterben heute
weniger Kinder an Unterernährung oder Krankheiten wie
Durchfall und Lungenentzündung. Oder denken Sie an
den riesigen Erfolg etwa des Masern-Impfprogramms, die
die Weltgesundheitsorganisation in Afrika aufgelegt hat. Es
hat Millionen das Leben gerettet. Darum denke ich, dass
sich mit geringem Aufwand für uns sehr viel ausrichten
lässt.

Nach einer Schätzung der Vereinten Nationen würden jedes
Jahr 13 Milliarden Dollar zusätzlich genügen, um für alle
Menschen der Welt eine einfache Gesundheitsversorgung ein-
zurichten. Das entspricht ziemlich genau der Summe, die wir
in Europa jährlich für Speiseeis ausgeben. Wenn die Schätzung

zutrifft, finde ich sie ermutigend und erschreckend zugleich. Ermutigend, weil wir noch nicht einmal auf viel verzichten müssten, um sehr viele Leben zu retten. Erschreckend, weil wir es nicht tun.

Solche Zahlen sind erschreckend, weil sie zeigen, dass unser Bekenntnis, jedes Leben sei gleich viel wert, nur ein theoretisches ist. Sobald die Sache praktisch wird, handeln wir ganz anders.

Warum?

Die menschliche Psyche steht uns im Weg. Den wenigsten Menschen genügt es, zu wissen, dass andere ihre Hilfe brauchen. Sie müssen es fühlen. Solange Sie ihnen die Lage nur erklären, werden sie untätig bleiben. Viel eher handeln sie, wenn sie ein Bild von einem Menschen in Not sehen.

Fotos von armen Kindern, denen wir mit einer Spende helfen können, sehen wir um diese Jahreszeit mehr als genug. Fast von jeder Plakatwand schaut uns eines an. Trotzdem denken wir zuerst an nette, aber meist überflüssige Geschenke für unsere Lieben.

Weil wir wissen, dass jeder andere Passant genauso gut helfen könnte, fühlt sich am Ende keiner verantwortlich. Wir verstecken uns in der Menge. Hier in New York gab es 1964 einen berühmten Mord an der jungen Kitty Genovese. Sie kam um, obwohl ein ganzes Wohnhaus ihre verzweifelten Schreie hörte. Aber niemand rief die Polizei, weil jeder damit rechnete, dass ein anderer es tat.

Und selbst wenn wir helfen, führen uns unsere natürlichen Re-
aktionen oft in die Irre. In einem schönen Experiment durften
sich Menschen entscheiden, ob sie lieber ein paar tausend Dollar
aufbringen wollten, um einem namentlich genannten Mädchen
mit einer Operation das Leben zu retten, oder ob sie mit dem-
selben Betrag acht Kinder von einem tödlichen Leiden befreien
wollten. Die meisten entschieden sich für Ersteres.

Merkwürdiger noch wird unser Verhalten, wenn wir erfahren, dass wir acht von hundert betroffenen Kindern retten
können, die anderen aber nicht. Dann halten die meisten
Menschen von vornherein ihre Taschen zu. Wie viele Kinder sie *nicht* zu retten vermögen, scheint für sie wichtiger
zu sein, als wie viele durch ihre Hilfe überleben könnten.

Offenbar ist unsere Intuition wenig hilfreich dabei, möglichst
viel Leid aus der Welt zu schaffen. Vielleicht liegt es auch
daran, dass unsere moralischen Regungen unter ganz anderen
Bedingungen als den heutigen entstanden. Die Gehirne wurden
programmiert, als unsere Vorfahren in sehr überschaubaren Ge-
meinschaften lebten. Da dürfte so etwas wie Not, von der wir
nur wissen, die wir aber nicht an uns selber erfahren, gar nicht
gegeben haben. Auch mag uns eine Vorliebe für Probleme an-
geboren sein, die wir vollständig lösen können, während wir vor
anderen eher zurückschrecken.

Gewiss, unser Wesen ist unserer Welt beklagenswert schlecht
angepasst. Darum fällt es uns auch so schwer nachzuempf-
inden, dass ein Flug nach New York in der Business-Klasse
moralisch genauso ernstlich falsch ist, wie einem armen
Bauern mit Gift sein Feld unbrauchbar zu machen. Denn
Treibhausgase haben genau diese Wirkung. Sie werden sehr

wahrscheinlich für ausgedehnte Dürreperioden in Afrika sorgen, wodurch es den dortigen Bauern unmöglich wird, sich zu ernähren. Schon heute sterben der Weltgesundheitsorganisation zufolge 140 000 Menschen jährlich, weil sich durch den Klimawandel Infektionskrankheiten verbreiten. Künftig werden es noch viel mehr sein.

Wie können Menschen lernen, solche Fakten in bessere Entscheidungen umzusetzen?

Das Internet bringt große Chancen, denn Geber und Empfänger der Hilfe können eine persönliche Beziehung eingehen.

Über Seiten wie kiva.org kann ich sogar einem einzelnen Bedürftigen in der dritten Welt Geld leihen und anschließend verfolgen, wie mein Kredit ihm hilft, sich aus der Armut zu befreien.

Eben, so wird die Sache konkret. Und schließlich hat auch mein Schreiben Wirkung gezeigt. So haben sich auf einer von mir eingerichteten Webseite, thelifeyoucansave.com, inzwischen mehr als 7900 Menschen verpflichtet, einen bestimmten Prozentsatz ihres Einkommens zugunsten der Ärmsten zu spenden. Sie mögen einwenden, das sind nicht allzu viele. Und doch werden wir schon mit diesen Beiträgen eine Menge ausrichten können.

Sie haben es dem Publikum, das Sie überzeugen wollen, ja auch schwergemacht. Viele Menschen verbinden mit Ihrem Namen Ansichten über den Umgang mit Neugeborenen und Behinderten, die ihnen abscheulich erscheinen. Bei Ihren Auftritten in Deutschland gab es Tumulte, und als Princeton Sie zum Professor berief, stellten empörte Sponsoren der Universität ihre Zahlungen ein. Wäre es nicht besser gewesen, Sie hätten sich mit Ihren Meinungen über Bioethik zurückgehalten – schon im Interesse der Ärmsten?

Interessante Frage. Einerseits trug der Skandal um manche meiner Schriften zu meiner Bekanntheit bei. Insofern half die Kontroverse meinen Anliegen auch. Andererseits konnte ich, als ich erstmals über Bioethik schrieb, gar nicht voraussehen, welche Aufregung meine Ansichten einmal auslösen würden.

Wirklich? »Sehr oft ist das Töten eines Neugeborenen kein Unrecht« heißt es zum Beispiel in Ihrem Hauptwerk »Praktische Ethik«. Ich finde das einen zutiefst verstörenden Satz.

Sie haben ihn aus dem Zusammenhang gerissen. Tatsächlich nahm über ein Jahrzehnt lang fast nur die Fachwelt Notiz von der »Praktischen Ethik«. Proteste gab es erst, als ich 1989 in Deutschland Vorträge hielt. Dann sprang die Behindertenbewegung auf, die es aber zur Entstehungszeit meines Buchs noch gar nicht gab.

Mit dem zitierten Satz beendeten Sie einen Abschnitt, in dem Sie argumentierten, dass es richtig sein kann, ein Neugeborenes, bei dem beispielsweise Bluterkrankheit festgestellt wurde, umzubringen. Würden Sie das heute noch so vertreten?

Ja – unter den Bedingungen, die ich damals genannt habe, wäre das philosophisch zu rechtfertigen. Ein Leben ohne Hämophilie ist zweifellos besser als eines mit. Die meisten

Frauen entscheiden sich denn auch für einen Schwangerschaftsabbruch, wenn ein Gentest an ihrem Ungeborenen
diese Erbkrankheit feststellt. Das ist legal, und wie ich finde, verständlich. Aber welchen Unterschied macht es, ob
wir ein Baby noch im Mutterleib oder unmittelbar nach
der Geburt töten?

*Einen gewaltigen. Eine späte Abtreibung belastet die Mutter
körperlich und seelisch viel mehr als Schwangerschaftsabbruch
etwa im zweiten Monat. Und noch ungleich schmerzhafter wäre
es für sie, erst ihr Baby zur Welt zu bringen und es dann töten
zu lassen.*

Sicher ist eine frühe Abtreibung besser. Aber das moralische
Problem bleibt dasselbe. Wenn wir eine Abtreibung zulassen, dann müssen wir konsequenterweise auch das Einschläfern des Kindes nach der Geburt gestatten – sofern die
Eltern ein solches Kind nicht aufziehen wollen und sich
keine Adoptionsfamilie findet. Ich glaube nicht, dass der
Staat Eltern zwingen sollte, gegen ihren Willen ein Kind
aufzuziehen, das sie nicht lieben können. Unser Ziel muss
sein, unnötiges Leid zu vermeiden.

*Darüber ließe sich streiten. Aber ich kann schon die Vorausset-
zung Ihres Arguments schlecht nachvollziehen: Woher sollen
die Eltern eines Neugeborenen denn wissen, welche Gefühle
sie später ihrem Kind entgegenbringen werden? Menschen sind
notorisch schlecht darin, vorauszusagen, mit welchen Emotionen
sie auf eine ihnen unbekannte Situation reagieren.*

Die Eltern müssten verpflichtet sein, sich vor ihrem Entschluss eingehend zu informieren.

Ich frage mich, wie viel Klarheit über die eigene Geistesverfassung wir mit einer Beratung wirklich gewinnen. Jeder weiß, was es heißt, im Rollstuhl zu sitzen. Fragt man Menschen nun, wie sie sich fühlen würden, wenn sie nach einem Unfall von den Schultern abwärts gelähmt wären, antworten sehr viele: »Lieber wäre ich tot.« Tatsächlich gewöhnen sich Parapleiker erstaunlich schnell an ihre neuen Lebensumstände. Sie machen eine Phase der tiefen Depression durch, schon nach weniger als einem Jahr aber sind die meisten wieder annähernd so zufrieden mit ihrem Leben wie vor dem Unglück.

Es ist tatsächlich schwer, die eigenen Gefühlsreaktionen vorauszusagen. Aber alles, was Sie einwenden, trifft auch auf die Entscheidung für oder gegen eine Abtreibung zu.

Umso zweifelhafter erscheint mir Ihr Versuch, moralische Urteile allein darauf zu begründen, welche Folgen einer Handlung wir erwarten. Wie sollen Menschen denn eine solche Entscheidung auf Leben und Tod verantwortlich fällen, wenn sie noch nicht einmal ihre eigene Gefühlsreaktion abschätzen können? Darum brauchen wir Regeln – wie die, dass niemand ein geborenes Kind umbringen darf.

Die lösen das Problem aber nicht. Ich begann über Infantizid nachzudenken, als Ärzte aus einer Neugeborenenstation bei mir vorstellig wurden. Damals, in den 1970er Jahren, war eine Spina bifida genannte Missbildung relativ häufig. Diese Kinder kamen mit einem oft unheilbar geschädigten Rückenmark zur Welt und gingen fast immer einem langsamen Tod entgegen. Was sollten die Ärzte tun? Erste Möglichkeit: sie mit aller damals verfügbaren Technik behandeln und so das Leid in die Länge ziehen. Zweite Möglichkeit: nichts tun, so dass sie wenigstens schnell, aber ebenfalls qualvoll starben. Dritte Möglichkeit: sie einschläfern. Meist entschieden die Ärzte sich für das zweite. Uns schien die dritte Variante – der schnelle Tod durch eine Spritze – humaner. Glücklicherweise ist Spina bifida durch bessere Vorsorge in der Schwangerschaft inzwischen recht selten geworden.

Kann es also richtig sein, wegen weniger solcher Grenzfälle das Lebensrecht aller Neugeborenen in Frage zu stellen?

Die Gefahr eines Dammbruchs sehe ich nicht. In den Niederlanden ist Euthanasie schon länger erlaubt, wenn unheilbar Kranke es wünschen. Dennoch ist der Respekt vor anderen Menschen dort sicher nicht geringer als anderswo in Europa. Die Holländer sind nur ehrlicher in dem, was sie tun. Es gibt so etwas wie Töten aus Mitleid. So scheint es, dass wir ohne Schaden Ausnahmen vom Verbot zu töten zulassen können.

Die Beweislast liegt doch bei Ihnen! Wenn Sie ein dermaßen grundlegendes Verbot abschaffen wollen, sollten Sie nachweisen können, welchen Vorteil das bringt. Sonst wäre mir wohler, wenn wir schon aus Vorsicht bei der Regel blieben, dass man keine Menschen umbringen darf.

Der Vorteil wäre eben, dass wir keine unheilbar Kranken zum Leben zwingen würden, wenn diese es nicht möchten. Abgesehen davon ist ein Nachweis über mögliche Schäden und Nutzen leider unmöglich. Die moralischen Standards haben sich immer wieder verändert. Beispielsweise sind wir heute sexuell viel freizügiger als vor ein paar Jahrzehnten. Hat dies zum Zusammenbruch der Familie geführt, wie viele einst warnten? Heute hören wir besonders in Amerika wieder diese Befürchtung; ins Feld geführt wird sie nun gegen die Schwulenehe. Sehr begründet erscheint mir diese Angst nicht, aber schon wahr: Man kann es nicht wissen.

Insofern ist jede Ethik unbefriedigend – weil sie auf Vermutungen, nicht auf gesicherten Fakten beruht.

Ja, und ich wünschte, es wäre anders.

Warum sollen wir uns überhaupt moralisch verhalten?

Weil es uns selbst guttut. Wir wünschen uns ein sinnvolles Leben. Und Menschen, die das Wohl anderer im Sinn haben, sind in aller Regel zufriedener als solche, die nur an sich selbst denken. Das haben psychologische Studien gezeigt.

Neue Untersuchungen aus der Hirnforschung gehen sogar noch weiter. Sie bewiesen, dass die Entscheidung, freiwillig mit anderen zu teilen, in uns Glücksgefühle auslösen kann. Dabei wird in unseren Köpfen eine Art Lustschaltung aktiv – derselbe Mechanismus, der uns wohlige Emotionen bereitet, wenn wir ein Stück Schokolade genießen oder guten Sex haben.

Das ist sehr interessant. Gegen solche Ergebnisse wenden manche Philosophen ein, dass wir uns nur dann moralisch verhalten, wenn wir selbst gar nichts davon haben. Alles andere sei nur eine höhere Form von Egoismus, welcher die Moral unterminiert. So sah es etwa Immanuel Kant. Ich halte dies für einen schädlichen Irrtum. Denn es ist doch höchst begrüßenswert, wenn wir die Menschen darüber aufklären, dass es in ihrem eigenen Interesse liegt, anderen zu helfen.

Und was machen Sie mit Ihren Schuldgefühlen, wenn Sie wieder einmal Ihren moralischen Einsichten zuwiderhandeln – etwa indem Sie unnötigerweise um die Welt fliegen?

Nun, man kann bei der nächsten Gelegenheit die Reise ausfallen lassen, das gesparte Geld einer humanitären Organisation geben und sehen, wie sich das anfühlt. Zudem erweist sich ein Wochenende mit Freunden auf dem Land ja auch als befriedigender als der geplante Shopping-Trip nach New York. So gewöhnt man sich allmählich daran, Gutes zu tun.

Meine Welt und ich

Wie erzeugt das Gehirn unser Bild von uns selbst?
Der Biophysiker Christof Koch erforscht,
wie Bewusstsein entsteht

Wie kommt die Welt in den Kopf? Unser Gehirn besteht aus eineinhalb Kilo Wasser, Eiweiß und Fett. Wie erzeugt diese wabbelige Masse all unser Erleben?

Vor einer solchen Frage schrecken selbst optimistische Denker zurück. Christof Koch allerdings behauptet, das Rätsel Bewusstsein sei lösbar. Aufsehen erregte der Biophysiker auch mit seinen Experimenten. So entdeckte er Hirnzellen, die auf die Erkennung von Hollywood-Stars spezialisiert sind. Seit zwei Jahren arbeitet er als wissenschaftlicher Direktor eines privaten Instituts in Seattle, das Hirnforschung im industriellen Stil betreibt. Der Gründer, Microsoft-Milliardär Paul Allen, stellt dafür eine halbe Milliarde Dollar bereit. Kühn auch in der Freizeit, macht Koch zudem mit spektakulären Klettertouren von sich reden.

Wir trafen uns in einem Vollwert-Café am New Yorker Washington Square. Koch, der in Kansas City als Sohn deutscher Diplomaten geboren wurde und in Tübingen studiert hat, spricht Englisch mit deutschem Akzent. Nur wenn wir auf Persönliches kommen, wechselt er in unsere gemeinsame Muttersprache. Serviert werden Salate, denn Koch, der sogar Regenwürmern eine Spur von Bewusstsein zuerkennt, ist Vegetarier.

Herr Koch, können wir zugleich reden und bewusst unser Essen genießen?

Wahrscheinlich nicht. Bewusstsein setzt normalerweise Aufmerksamkeit voraus. Und seine Aufmerksamkeit kann man in einer Regel nur einer einzigen Sache zuwenden. Alles andere blendet die Aufmerksamkeit aus. Wenn Sie einer angeregten Unterhaltung folgen, mag das Essen die Geschmacksknospen Ihrer Zunge reizen, trotzdem schmecken Sie wenig.

Aufmerksamkeit ist also ein Filter. Was ist Bewusstsein?

Ihre innere Erfahrung. Sie schmecken das Salz auf diesem Salatblatt, sehen im nächsten Moment ein Bild von meinem Gesicht. Dazu müssen Sie Ihren Sinneseindrücken Aufmerksamkeit schenken. Aber das alleine genügt nicht. Denn die Sinneswahrnehmung wertet ja nur physikalische Signale aus: die Moleküle auf ihrer Zunge, die Lichtwellen, die Ihr Auge erreichen. Doch Sie haben Empfindungen – ein Geschmack, ein Bild im Kopf. Und das ist etwas ganz anders. Dieses Erlebnis muss irgendwo in den Katakomben des Großhirns entstehen. Wie das geschieht, ist ein großes Geheimnis.

Die meisten Menschen wundern sich nicht darüber. Ihnen erscheint es die selbstverständlichste Sache auf der Welt, dass sie ihr Leben als eine Art Film vor sich sehen.

Denkt der Fisch über das Wasser nach, in dem er schwimmt? So fällt uns auch das Bewusstsein nur auf, wenn es verschwindet. Gewöhnlich lassen uns nur Tiefschlaf, Narkose oder schwere Geistesverwirrung nach einem Schlaganfall erkennen, dass Bewusstsein eben nicht zwangsläufig zu unserem Leben gehört.

Sie denken seit fast 30 Jahren über Bewusstsein nach. Was brachte Sie als Physiker zu diesem Thema?

Bewusstsein ist doch die Voraussetzung für alle andere Erkenntnis. Wie kann ich denn feststellen, dass das Universum existiert? Und wie kann ich wissen, dass es mich selbst gibt? Nur indem ich beides erlebe. Das Bewusstsein ist die einzige Tatsache, derer wir uns sicher sein können. Das erkannte schon Descartes.

»Cogito, ergo sum«, schrieb er. »Ich denke, also bin ich.« Ich habe allerdings nie verstanden, warum er so sehr auf das Denken abhebt. Mit erscheint es viel wesentlicher, dass ich empfinde: Ich bin da.

Ich glaube, Descartes meint genau dieses Empfinden. Ich mag mir alles Mögliche einbilden – zum Beispiel, dass eine unglaublich attraktive Frau mich liebt – und völlig falschliegen. Aber darüber, dass ich innere Erfahrungen habe, kann ich mich unmöglich täuschen. Heute würde Descartes vielleicht schreiben: »Ich bin bewusst, also bin ich.« Dass es Bewusstsein gibt, ist die grundlegendste Eigenschaft des Universums, in dem ich lebe. Mir ist es rätselhaft, wie die Wissenschaft die Frage danach so lange ausblenden konnte.

Sie sprachen einmal von »meinem unwiderstehlichen Wunsch, meinen Glauben zu rechtfertigen, dass das Leben einen Sinn habe«. Und dieses Verlangen habe Sie zu der Suche nach den Ursprüngen des Bewusstseins getrieben. Ich fand das über-raschend.

Als Wissenschaftler sollte man eigentlich nicht danach fragen, was einen antreibt.

Ich frage Sie als Person.

Ich war ein gläubiger Katholik. Meine Eltern erzogen mich religiös, ich war Ministrant, die Lehrer auf der Jesuitenschule vermittelten mir ein geistiges Bezugssystem und stillten meine Sehnsucht nach Sinn. Aber als Physiker im Labor erforschte ich eine ganz andere Welt. Hier die Wissenschaft, die Fakten erklärte, dort der Glaube an Gottes Schöpfung. Ich lebte in einer gespaltenen Wirklichkeit – einer Realität für die Wochentage, eine für sonntags, wenn ich die Messe besuchte. Dann traf ich Francis Crick …

… der im Jahr 1953 zusammen mit James Watson die Erb-substanz DNS entdeckt und dafür den Nobelpreis bekommen hatte.

Nachdem er das Geheimnis der Vererbung aufgeklärt hatte, interessierte er sich jetzt für das Bewusstsein. Wir begannen in den späten 1980er Jahren eine enge Zusammenarbeit.

Im Nachhinein denke ich, was mich dazu brachte, war ein geheimer Wunsch festzustellen, dass die Wissenschaft angesichts der Frage nach dem Bewusstsein versagt.

Sie wollten scheitern.

Ja. Dann hätte ich den Beweis gehabt, wofür wir Religion brauchen: Hier kommt Gott ins Spiel – um zu erklären, wie das Bewusstsein in die Welt kam. Aber mit der Zeit kam ich zu dem Schluss, dass sich das Bewusstsein ganz natürlich erklären lässt: mit Neuronen, Informationstheorie und so weiter. Man braucht keine Religion.

Crick dachte doch immer schon so! Er trat bereits 1961 von seinem Posten am Churchill College der Universität Cambridge zurück, als man auf dem Gelände eine Kapelle bauen wollte. Crick wollte die Welt von ihrem Gottesglauben befreien. Der überzeugte Atheist und der zweifelnde Katholik: Sie beide müssen ein interessantes Paar gewesen sein. Haben Sie je über Ihren Glauben gesprochen?

Nein. Francis war ein gütiger Mann und wollte mir meine Zweifel ersparen. Und ich war emotional noch nicht reif dafür, meine Religion aufzugeben. Doch Francis lehrte mich, wie man ein gutes, sinnvolles und aufrechtes Leben führen kann, ohne an einen Vater im Himmel oder an Weiterleben nach dem Tode zu glauben. Und ich bewunderte ihn dafür, wie stoisch er mit seinem Altern und seiner Sterblichkeit umging. Er starb 2004 an Darmkrebs. Mit seiner Haltung hat er es mir wahrscheinlich ermöglicht, mich von meinem Glauben zu lösen.

Sie rangen also mehr als zwei Jahrzehnte lang mit der Religion.

Peinlich, finden Sie nicht?

Nein. Wieso?

Weil ich dermaßen lange für diesen Weg brauchte. Dabei sehnte ich mich so sehr nach einem Zeichen von Gott. Zu Beginn meiner Arbeit mit Crick leitete ich an der amerikanischen Ostküste einen Sommerkurs über Computer in der Hirnforschung. Wir feierten eine Party mit Liveband am Meer. Ich war ziemlich betrunken – und unruhig. Ich hatte zuvor die »Fröhliche Wissenschaft« von Nietzsche gelesen, diese erregende Passage, in der er uns als die Totengräber Gottes beschreibt. Gegen Mitternacht ging ich allein an den Strand. Es war stürmisch und bewölkt, das Wetter entsprach meiner Stimmung. Ich begann zu rufen, auf Deutsch: »Mein Gott, wo bist Du?« Plötzlich blendete mich ein Licht, und eine Stimme antwortete mir.

Und? Was haben Sie gehört?

»Verschwinden Sie vom Strand, zum Teufel!« Gott zeigte sich mir als zorniger Camper! Ich hatte diesen Mann, der am Strand schlafen wollte, völlig übersehen. Jedenfalls rannte ich, so schnell ich konnte, zu der Party zurück.

Mit dem Rausch wird auch der Schreck nachgelassen haben.

Sicher. Trotzdem spürte ich, wie mir die Dogmen der Kirche immer weniger bedeuteten. Dass die Idee einer Seele mit einer Wissenschaft vom Bewusstsein unvereinbar sein könnte, beschäftigte mich allerdings weiter.

Sie haben erst Ihren Glauben an Gott und erst später den an die Seele aufgegeben?

Ich habe nie darüber nachgedacht. Aber ja, so war es wohl.

Der Glaube an eine Seele scheint mir für Religionen wesentlicher als der an ein höheres Wesen zu sein. Vorstellungen von Seele und Unsterblichkeit spielen in praktisch jedem Glaubenssystem eine Rolle. Dagegen gibt es bedeutende Religionen ohne Gott – der Buddhismus zum Beispiel.

Im vergangenen Frühjahr habe ich eine Woche mit dem Dalai Lama in Indien verbracht. Wir sprachen über das Bewusstsein. Er glaubt zwar an Reinkarnation, wir Wissenschaftler nicht. Im Übrigen aber fand ich, dass sich seine Vorstellungen gut mit den unseren vertrugen – sicher auch deswegen, weil der Buddhismus keinen Schöpfergott kennt. Aber Sie haben wohl recht, dass die Frage nach Bewusstsein und Seele auch für die Religionen zentraler ist als die nach Gott. Denn wir bemerken das Bewusstsein in uns selbst und wollen eine Erklärung dafür.

Allerdings kann die Religion da viel einfachere Antworten als die Wissenschaft bieten. Das Gehirn ist unvorstellbar komplex.

Oh ja. Allein im Volumen, das einem Reiskorn entspricht, stecken fast eine Million Nervenzellen. Diese sind untereinander mit ein paar Milliarden Schaltstellen, Synapsen, verbunden. Wenn Sie die feinste Verdrahtung in dieser winzigen Hirnmasse abrollen würden, kämen Sie auf 20 Kilometer! Und es stecken nicht ein oder zwei Arten von Neuronen in diesem Reiskorn, sondern 100 verschiedene Typen. Wir wissen es noch nicht genau. Jedes Mal, wenn wir das Gehirn etwas genauer kennenlernen, merken wir, dass es noch viel komplexer ist als bis dahin gedacht. Aber ebendieser Komplexität verdanken wir das Bewusstsein.

Und selbst wenn Sie das Gehirn bis in seine letzten Details untersucht hätten, wäre das Problem noch lange nicht gelöst. Dann nämlich bleibt noch immer die innere Erfahrung zu erklären. Die zeigt kein Mikroskop und kein Messgerät an. Um zu verstehen, wie wir etwas erleben, kann jeder nur in sich selbst hineinschauen. Aber wie wollen Sie herausfinden, ob der Kaffee für mich genauso schmeckt wie für Sie?

Ich kann mich Ihrer Erfahrung annähern, ganz erreichen werde ich sie nie. Aber immerhin funktionieren unsere Gehirne sehr ähnlich. Sonst wäre es auch gar nicht möglich, dass ein Roman oder eine Oper Millionen Menschen anrühren. Richard Wagner hat seinen »Tristan« vor mehr als 130 Jahren geschrieben; trotzdem machen uns die Tragödie und ihre Musik noch immer betroffen, denn wir alle waren einmal verliebt. Und heute haben wir ganz neue Möglichkeiten, solch innere Vorgänge zu erforschen. Wir können Aktivitätsmuster im Gehirn selbst ablesen.

Das heißt?

Mein Labor arbeitet seit über zehn Jahren mit Neurochirurgen zusammen. Diese implantieren Epileptikern manchmal Elektroden ins Hirn, um die Herde der Anfälle zu finden. Solange die Elektroden im Kopf sind, können wir mit ihnen experimentieren; die Patienten haben ihren Spaß dabei. Beispielsweise zeigen wir ihnen Bilder und sehen, wie die kontaktierten Neuronen reagieren. Oft sind es Fotos von Filmschauspielern, denn von der Klinik sind es nur fünf Meilen nach Hollywood. Einmal hatten wir eine Frau, die in den Studios arbeitet und Jennifer Aniston persönlich kannte. Wenn wir ihr nun ein Bild dieses Filmstars vorlegten, ging immer dasselbe Neuron los. Erstaunlicherweise antwortete es nur auf Aniston, weder auf andere Schauspieler noch auf andere Blondinen. In anderen Hirnen wiederum fanden wir Neuronen, die nur auf Halle Berry oder Bill Clinton reagieren.

Das Signal einer bewussten Erfahrung?

Diese Patientin sagte: »Oh ja, ich sehe Jennifer Aniston deutlich.« Und das Neuron reagierte nicht nur auf Bilder, sondern auch, wenn wir ihr einen Schriftzug »ANISTON« zeigten. Oder den Namen vorlasen. Die graue Zelle codierte also nicht das Gesicht, sondern so etwas wie das Konzept »Jennifer Aniston«. So haben wir offenbar spezialisierte Gruppen von Neuronen für alles, womit wir vertraut sind – graue Zellen für unseren Partner, die Kinder, die Haustiere, das Auto und eben auch Prominente.

Und wenn man von solchen Zellen Signale ableitet, kann man Gedanken lesen.

Ja. Einer meiner Doktoranden verband die Elektroden mit einem Beamer. Wenn nun eine graue Zelle losging, zeigte das Gerät das entsprechende Bild. Ein Patient beispielsweise hatte verschiedene Neuronen, von denen manche für Marilyn Monroe, andere für Josh Brolin codierten. Sobald er nur an Marilyn dachte, erschien also das berühmte Bild, auf dem ihr ein Luftstoß aus einem U-Bahn-Schacht das Kleid hebt. Und bei Brolin ein entsprechendes Foto. Wenn eine Versuchsperson unentschlossen schwankte, war eine Überlagerung beider Bilder zu sehen – ein Mischwesen aus Brolin und Marilyn. Wir zeigten den Patienten diese Projektionen. Durch die Rückkoppelung lernten sie, ihre Gedanken und damit ihre Neuronen immer zuverlässiger zu kontrollieren.

Man könnte sagen, der Geist beherrscht die Materie.

Tja, wer beherrscht hier wen? Ich würde sagen, dass ein Teil des Gehirns einen anderen steuert. Wenn ich den Patienten in unserem Experiment bitte, die nächsten zehn Sekunden an die Monroe zu denken, wird diese Instruktion im Kurzzeitgedächtnis gespeichert, an der Stirnseite des Hirns. Die grauen Zellen dort nehmen Einfluss auf tiefer gelegene Neuronen, von denen wir ableiten und die für die Erinnerungen im Langzeitgedächtnis zuständig sind. Ähnliches geht vor, wenn Sie Ihren Impuls unterdrücken, jetzt noch einen Nachtisch zu nehmen. Ein Teil Ihres Gehirns will den Genuss jetzt, aber ein anderes System kalkuliert die langfristigen Folgen für Ihre Gesundheit und stoppt Ihren Griff zur Speisekarte. Auch das erledigen typischerweise die Regionen hinter der Stirn. Mit bestimmten Meditationstechniken etwa können Sie diese mentale Steuerung trainieren.

Man lernt dadurch, sich selbst immer besser zu kontrollieren.

Mich beeindruckt, wie viel sich mit solchen Praktiken erreichen lässt. Die meisten Menschen denken und tun, was ihnen ihre Impulse gerade diktieren. Sie sind hungrig, also essen sie; eine Sorge fällt ihnen ein, also sorgen sie sich – wie ein Segelboot, das so treibt, wie der Wind gerade bläst. Wer aber seit langem meditiert, kann sich von diesen Einflüssen unabhängiger machen. Sehr geübte Meditierer können sogar Schmerzempfindungen völlig ausblenden. Ganz gleich, woher der Wind weht, das Boot hält seinen Kurs. Sie können viele Stunden lang bei einer Sache bleiben. Leider hat diese wunderbare Fähigkeit einen hohen Preis: Man muss sie viele Jahre lang üben.

Wie alles, was man wirklich beherrschen will.

Ja. Aber es ist eine extreme Fähigkeit. Jene, die sie erlangt haben, erzählen fröhlich: »Oh, Sie müssen es sechs Stunden lang täglich, zwanzig Jahre lang, tun, dann können Sie es.«

Haben Sie es versucht?

Ja. Aber dann fragte ich mich, will ich wirklich mein halbes Wachleben damit verbringen, im Lotussitz über nichts zu meditieren? Ich kann doch ruhen, wenn ich tot bin. Lieber mache ich Erfahrungen. So entschied ich mich für einen anderen Weg.

Sie laufen Marathon im Death Valley und klettern in hohen Schwierigkeitsgraden.

All das hat viel Ähnlichkeit mit Meditation: Man muss sich auf das, was man tut, extrem konzentrieren, wird sozusagen hyperaufmerksam. Dabei verschwindet das Ich-Bewusstsein, dieser innere Kritiker, der uns sonst immer begleitet. Wenn Sie stundenlang durch die Berge laufen, kommen Sie in eine beinahe zeitlose Zone. Das kann süchtig machen.

Ich weiß genau, was Sie meinen. Auch ich bin früher geklettert. Man denkt nicht mehr nach. Was man tut, geschieht wie von selbst. Es ist, als ob nicht mehr ich klettere – es klettert mich.

Weil das Ego verschwindet. Das macht uns glücklich. Psychologen nennen das Flow.

In solchen Momenten ist das Bewusstsein nur noch von einer einzigen, aber sehr starken Erfahrung erfüllt: Ich bin da. Ich existiere. Das innere Erleben wird sehr einfach.

Allerdings, man fühlt die Präsenz seines Körpers in der Umgebung. Die Außenwelt schwingt einem geradezu entgegen, gerade beim Klettern. Sie sehen die kleinste Vertiefung im Granit. Ihnen ist überaus klar, wo die Sonne steht, wo das Seil hängt und wo die letzte Sicherung liegt.

Aber alles fügt sich zu einem einheitlichen Empfinden zusammen. Mein Körper, die Sonne, das Seil: Was immer ich wahrnehme, ist aufeinander bezogen. Es gibt keine Einzelheiten mehr, die Welt scheint ein Ganzes zu werden.

Genau dieses Zusammenführen ist der Prozess, durch den Bewusstsein entsteht. Wenn Sie verstreute Informationen haben, wie auf der Festplatte eines Computers, dann ist Bewusstsein unmöglich. Unser Gehirn dagegen ist so aufgebaut, dass es riesige Datenmengen miteinander verknüpft. Erst durch solche Integration können wir bewusste Erfahrungen machen.

»Wenn die Sinne zusammenkommen, erscheint die Seele.« So hat es Bioy Casares ausgedrückt, ein argentinischer Schriftsteller und Freund von Borges.

Sehr poetisch gesagt! Inzwischen haben wir sogar eine mathematische Formel, die beschreibt, wie das Zusammenführen von Information Bewusstsein ermöglicht.

Wir im Westen glauben üblicherweise, Bewusstsein habe viel mit unserem Denken zu tun. Doch wenn Casares' und Ihre Theorie zutreffen, täuschen wir uns sehr. Denn dann wären wir ganz im Gegenteil umso stärker bewusst, je weniger es uns gelingt, Information zu zergliedern – wie der Kletterer in der Wand.

Oder ein meditierender Mönch. Vielleicht wird es bald möglich sein, Bewusstsein zu messen. Giulio Tononi, ein brillanter Kollege an der Universität von Wisconsin, hat gerade ein Instrument dafür entwickelt. Es analysiert, mit welchen Strömen das Gehirn auf einen magnetischen Impuls reagiert und berechnet daraus den Grad an Bewusstheit.

Klingt nach Science Fiction.

Sie haben Raumschiff Enterprise gesehen? Dort gibt es den Tricorder, mit dem die Mannschaft den inneren Zustand fremder Geschöpfe abscannt. Tononi stellt seine Ergebnisse allerdings in renommierten Fachzeitschriften vor.

Was will er mit dem Gerät?

Den Bewusstseinszustand von Patienten im Wachkoma messen. Diese Patienten reagieren praktisch nicht mehr auf äußere Reize. Sie können aber durchaus noch etwas empfinden, nur nicht mehr imstande sein, sich mitzuteilen. Darum wissen Angehörige und Ärzte oft nicht, was tun.

Ob eine solche Maschine auch Bewusstsein bei Tieren nachweisen könnte?

Das hat noch keiner versucht. Aber um festzustellen, dass sie Bewusstsein haben, braucht es kein Messgerät. Ich habe seit meiner Kindheit mit Hunden gelebt und kann Ihnen sagen, dass sie innere Zustände haben. Sie sind unverkennbar glücklich, traurig, neugierig oder ängstlich.

Und weil Sie diese Empfindungen von sich selbst kennen, folgern Sie, dass sie auch Ihrem Hund bewusst sein müssen.

Genau. Sehen Sie doch die zwei Hunde dort drüben im Park. Sie tollen herum. Können Sie glauben, die sind nicht glücklich? Ich frage mich manchmal, ob Hunde ständig in diesem Flow-Zustand sind. Sie leben viel mehr im Hier und Jetzt. Mir scheint, sie sind glücklicher als wir. Vielleicht ist es genau das, was viele Menschen mit »höheren Bewusstseinszuständen« meinen?

Am Ende sind diese Hunde erleuchtet!

Wer weiß. Allerdings gibt es auch ein paar wissenschaftliche Argumente. Wenn ich Ihnen ein reiskorngroßes Stück

Hirn zeige, können Sie selbst unter dem Mikroskop kaum erkennen, ob es von einer Maus, einem Hund oder einem Menschen ist. Der große Unterschied ist nur, dass die Maus ein Gramm und der Mensch 1500 Gramm davon im Kopf haben.

Ein Elefantenhirn wiegt sogar über vier Kilo. Es hat aber vermutlich weniger Neuronen als unseres.

Eben. Unsere Rechenleistung ist höher, wenn Sie so wollen. Dadurch sind wir zu größerer Einsicht fähig, haben Erinnerung an unsere Biographie und Selbstbewusstsein.

Sie meinen, mir ist bewusst, dass ich ich und kein anderer bin.

Mein Hund ahnt das nur, wenn überhaupt. Er kann nicht denken: »Mein Schwanz wackelt heute aber komisch, vielleicht fehlt mir etwas.« Aber es wäre unsinnig, ihm deswegen jede Bewusstheit abzuerkennen. Alle Säugetiere, vielleicht sogar alle Mehrzeller haben Bewusstsein.

Regenwürmer?

Charles Darwin hat vor 130 Jahren ein Buch über Erdwürmer geschrieben. Er fragte darin, aus welchem guten Grund wir diesen Geschöpfen ein geistiges Leben absprechen können, und fand keinen. Die geistigen Fähigkeiten hätten sich nämlich in der Evolution allmählich und nicht sprunghaft entwickelt. Darum sei nirgends zwischen Erdwurm und Mensch eine klare Grenze erkennbar, die unbewusst von bewusst trennt. Mir scheint das sehr plausibel: Bewusstsein ist weit verbreitet in der Natur.

Sie selbst haben 25 Jahre lang die visuelle Wahrnehmung und das Bewusstsein beim Menschen studiert. An Ihrem neuen Institut in Seattle wenden Sie sich jetzt dem Mäusehirn zu. Warum dieser Wechsel?

Ich war zunehmend frustriert. Um das Bewusstsein zu ergründen, müssen Sie letztlich Neuronen in Aktion untersuchen. Sie sind die Atome des Bewusstseins. Beim Menschen geht das nur selten. Und in Seattle bekam ich die Chance, Hirnforschung in viel größerem Stil als bisher zu betreiben. Das wird uns auch helfen, die Grundlagen von Krankheiten des Bewusstseins wie Autismus und Schizophrenie besser zu verstehen. Wir sind gerade dabei, Hunderte neue Biologen, Physiker, Optiker und Informatiker einzustellen.

Was soll dieses Forscherheer tun?

Wir wollen Gehirnobservatorien schaffen. Dazu ersetzen wir einen Teil der Schädeldecke mit einer Plexiglasscheibe. Das stört die Tiere nicht. Wir lassen sie etwas sehen oder Entscheidungen treffen. Dabei blitzen wir mit einem Laser durch die Scheibe. So erkennen wir ganz genau, welches Neuron wann in Aktion tritt.

Und wann bekommen Menschen Plexiglasfenster ins Hirn?

Unmöglich. Die Infektionsgefahr wäre zu groß. Für Menschen brauchen wir andere Techniken, die wir noch nicht haben. Wir arbeiten aber schon an einem Atlas des menschlichen Großhirns. Dazu schneiden wir Gehirne aus der Anatomie in Scheiben viel dünner als Haaresbreite. Dann vermessen wir alle Verbindungen zwischen den Neuronen und machen eine Bestandsaufnahme aller dort tätigen Gene. Für das Mäusehirn haben wir schon einen solchen Atlas geschaffen. Jeder kann ihn sich umsonst herunterladen. Doch ob Maus oder Mensch, ist gar nicht so wichtig. Bewusstsein entsteht in jedem ausreichend komplexen System. Es ist nichts Magisches am menschlichen Hirn.

Was spricht dann gegen Bewusstsein in einem Computer?

Im Prinzip nichts. Vermutlich werden wir unser Denken und Fühlen eines Tages in einer Maschine nachbilden können. Dann können wir alle Information aus dem Gehirn auf den Rechner überspielen. Unsere Persönlichkeit würde unsterblich. Leider werde ich diesen Tag nicht mehr erleben.

Abbildungsverzeichnis

Namen- und Sachregister

Stefan Klein
Wir alle sind Sternenstaub
Gespräche mit Wissenschaftlern über
die Rätsel unserer Existenz
Band 18070

Brauchen wir einen Glauben? Sind Gene unser Schicksal?
Woher kommt der Mensch? Für das ZEIT-Magazin führt
Bestsellerautor Stefan Klein regelmäßig Gespräche mit weltweit führenden Wissenschaftlern zu den großen Themen, die
uns alle bewegen: Liebe, Erinnerung, Gerechtigkeit, Empathie. Die durchweg spannenden und glänzend geführten
Unterhaltungen versetzen uns an die vorderste Front der
Forschung – und zeigen die derzeit klügsten Köpfe nicht zuletzt auch als Menschen mit den gleichen Fragen wie wir alle.
Mit Gesprächen u.a. mit Roald Hoffman, Walter Ziegl-
gaensberger, Martin Rees, Vittorio Gallese, J. Craig Venter
und Jared Diamond.

»Klein beherrscht die seltene Gabe,
die Wissenschaftler zu lebendigen, begeisternden
Schilderungen ihrer Forschungen zu animieren. [...]
›Wir sind alle Sternenstaub‹ erlaubt einen Einblick in das
Denken und Fühlen der Frauen und Männer, die
hinter spektakulären Forschungen stehen.«
Hartmut Schade, MDR Figaro –
Wissenschaftsjournal, 10.11.2011

Das gesamte Programm gibt es unter
www.fischerverlage.de

Stefan Klein
Da Vincis Vermächtnis
oder Wie Leonardo die Welt neu erfand
Band 17880

Wie kann ein und derselbe Mann das Lächeln der Mona Lisa erschaffen, den Blutfluss im menschlichen Herzen studieren und funktionsfähige Flugmaschinen bauen? Wie schafft es ein Künstler der Renaissance, Stadtpläne wie aus Satellitenperspektive zu zeichnen, nach denen man sich noch heute orientieren kann? Wie kann der Dandy und Visionär aus dem Dorf Vinci Vegetarier und Pazifist sein – und gleichzeitig im Dienste blutrünstiger Tyrannen Massenvernichtungswaffen entwickeln? Stefan Klein unternimmt eine faszinierende Zeitreise in die Welt des Jahrtausendgenies Leonardo. Er sieht dem Erfinder, Wissenschaftler und Wegbereiter einer neuen Welt bei der Arbeit zu. Und zeigt uns, was wir für uns von ihm lernen können.

»Ein Buch für alle, die die Welt um sich herum mit Leonardos Hilfe besser sehen und verstehen wollen.«
Deutschlandradio

Fischer Taschenbuch Verlag

Stefan Klein
Zeit
Der Stoff aus dem das Leben ist.
Eine Gebrauchsanleitung
Band 16955

Erfüllte Augenblicke der Liebe und des Glücks – warum nur
erscheinen sie uns immer so kurz und flüchtig? Und warum
will die Zeit, wenn wir ungeduldig warten, so gar nicht
vergehen? Wie können wir in unserem hektischen Alltag
bewusster mit unserer Zeit umgehen? Der Bestsellerautor
Stefan Klein zeigt uns, wie wir lernen können, die Momente,
aus denen das Leben besteht, nicht nur wahrzunehmen, sondern auch zu genießen.

»Kleins Buch ist faszinierend wie ein Kriminalroman. Kein
betulicher Ratgeber, sondern ein Sachbuch im allerbesten
Sinne: Hier hat der studierte Physiker und ehemalige Spiegel-
Redakteur eine Unmenge komplizierter Fachliteratur in so
anschaulicher und lesbarer Weise zusammengetragen, daß
man ihm nur höchste Komplimente machen kann.«
Saarländischer Rundfunk

»Stefan Klein fasst unterhaltsam zusammen, warum die Zeit
manchmal überhaupt nicht zu vergehen scheint,
im nächsten Moment aber davonläuft. Beim Lesen des
Buches vergeht die Zeit deshalb wie im Flug.«
Zeit Wissen

»Lesen Sie Kleins Buch. Es ist Zeit!«
Stern

Fischer Taschenbuch Verlag

Stefan Klein
Die Tagebücher der Schöpfung
Vom Urknall zum geklonten Menschen
Band 18069

Wie entstand die Welt? Was ist Leben? Was bedeutet Bewusstsein? Die unglaublichen Fortschritte, die Forscher in den letzten Jahrzehnten in der Physik, in der Evolutionsbiologie, in den Neurowissenschaften und in der Gentechnologie gemacht haben, erlauben ganz neue Antworten auf diese alten Fragen der Menschheit. Stefan Klein zeichnet die aufregende Chronik der Schöpfung nach und berichtet vom aktuellen Stand der Forschung.

»Spannend und unterhaltsam. In der besten Tradition des angelsächsischen Wissenschaftsjournalismus.«
Frankfurter Allgemeine Zeitung

Fischer Taschenbuch Verlag

Welche Idee wird alles verändern?
Die führenden Wissenschaftler unserer Zeit über
Entdeckungen, die unmittelbar bevorstehen
Herausgegeben von John Brockman
Aus dem Amerikanischen von Sebastian Vogel

Band 18718

Die führenden Wissenschaftler unserer Zeit geben ungemein
spannende und ungewöhnliche Antworten auf die Frage, welche wissenschaftlichen Entdeckungen ihrer Meinung nach
unmittelbar bevorstehen, die wir alle noch erleben werden.
Die Beiträge u.a. von Steven Pinker, Richard Dawkins, Craig
Venter, Ian McEwan, Lisa Randell bilden die perfekte Samm-
lung von Essays für alle, die sich für die neueste Forschung
interessieren, aber nicht die Zeit oder den langen Atem für
lange wissenschaftliche Werke haben. Spannende, ungewöhnliche und unterhaltsame Ausblicke auf unsere unmittelbare
Zukunft.

»Die dringlichsten wissenschaftlichen Themen
von heute – und morgen. Absolut klug und interessant.«
The Observer

Fischer Taschenbuch Verlag

Steven Pinker
Wie das Denken im Kopf entsteht
Aus dem Englischen von Sebastian Vogel
und Martina Wiese

Band 19275

Was ist der Geist, woher stammt er und wie sorgt er dafür,
dass wir sehen, denken, fühlen, uns verständigen und solche
Dinge wie Kunst verfolgen? Schwierige Fragen. Doch wer
außer dem Evolutionspsychologen Steven Pinker könnte
darauf so anschaulich, lebendig und witzig antworten? In
seiner brillanten Synthese erklärt er das Funktionieren des
Geistes in allen seinen Aspekten und klärt gleichzeitig u. a.
darüber auf, warum Erinnerungen verblassen, woher Kli-
scheevorstellungen kommen und warum Verliebte sich zu
Trotteln machen. Ein echtes Lesevergnügen.

»Steven Pinker ist ein Top-Autor und verdient all die
Superlative, mit denen man ihn überhäuft«
New York Times

Fischer Taschenbuch Verlag

Steven Pinker
Gewalt
Eine neue Geschichte der Menschheit
Aus dem Amerikanischen von Sebastian Vogel
Band 19229

Die Geschichte der Menschheit – eine ewige Abfolge von
Krieg, Genozid, Mord, Folter und Vergewaltigung. Und es
wird immer schlimmer. Aber ist das richtig? In einem wahren
Opus Magnum untersucht der weltbekannte Evolutions-
psychologe Steven Pinker die Entwicklung der Gewalt von
der Urzeit bis heute. Pinkers Ergebnis: die Menschheit wird
immer friedfertiger – eine These, die Hoffnung und Mut
macht.

»Pinkers Studie ist eine leidenschaftliche Antithese
zum verbreiteten Kulturpessimismus und dem Gefühl
des moralischen Untergangs der Moderne.«
Der Spiegel

»Steven Pinker ist ein Top-Autor und verdient all
die Superlative, mit denen man ihn überhäuft.«
New York Times

Fischer Taschenbuch Verlag

fi 19229 / 1

Jared Diamond
Kollaps
Warum Gesellschaften überleben
oder untergehen
Aus dem Amerikanischen von Sebastian Vogel

Band 16730

»Ein atemberaubendes Buch.«
Süddeutsche Zeitung

Die überwucherten Tempelruinen von Angkor Wat, die
zerfallenden Pyramiden der Maya in Yucatan und die rätsel-
haften Moai-Statuen der Osterinsel – sie alle sind stille Zeugen von einstmals blühenden Kulturen, die irgendwann
verschwanden. Doch was waren die Ursachen dafür? Jared
Diamond zeichnet in seiner ebenso faszinierenden wie hoch-
aktuellen Studie die Muster nach, die dem Untergang von
Gesellschaften (oder ihrem Überleben) zugrunde liegen,
und zeigt, was wir für unsere Zukunft daraus lernen können.

»Neues Meisterwerk
des amerikanischen Geographen.«
Welt am Sonntag

»Es ist ein mächtiges, breitgefächertes Buch –
und es ist fesselnd.«
Der Spiegel

Fischer Taschenbuch Verlag

fi 16730 / 1

Was ist Ihre gefährlichste Idee?

Die führenden Wissenschaftler unserer Zeit
denken das Undenkbare
Herausgegeben von John Brockman
Aus dem Englischen von Hans Günter Holl

Band 17918

Kopernikus, Giordano Bruno und viele mehr büßten sogar mit ihrem Leben für ihre ketzerischen Ideen. Die großen Theorien der Wissenschaft waren oft auch die umstrittensten. Doch welche Ideen bedrohen unsere festen Ansichten, unser Weltbild heute?

Die führenden Wissenschaftler unserer Zeit offenbaren erstmals ihre provokantesten, ihre gefährlichsten Überzeugungen. Brian Greene, Jared Diamond, Freeman Dyson, Martin Rees und viele mehr lassen uns teilhaben an den Grenzbereichen ihrer Disziplinen.

»Wichtige, scharfsinnige und ambitionierte Fragen ...
von einer atemberaubenden Bandbreite.«
New Scientist

Fischer Taschenbuch Verlag

fi 17918 / 2